河出文庫

# 音楽家の世界

## クラシックへの招待

吉田秀和



河出書房新社

# はしがき

この本は、音楽を愛する多くの人たちに、その愛をいっそう深いものにしてもらうために、という出版社の委嘱に応じてかかれたものである。しかし、本当の愛は、より進んだ理解によってこそ深まるだろう。

その理解をうる道は、いろいろあるであろう。僕はまず幾十かの名曲の紹介を通じて、愛と理解にいたる道をとることにした。ところで、僕は、大変音楽が好きであり、久しく親しんではきたものの、かつて人を導くための用意を考えたこともなければ、百科辞典的博識を得ようと心がけたこともなかった。

ただ、親しんでゆくうちに、僕はしばしば、音楽を愛し、理解するとは、どういうことであるかと、たずねたものだった。そうして、そのたずねる相手は、古来すぐれたものとされてきた音楽そのものと、それから自分の心の働きとにであった。もしバッハ、モーツァルト、ベートーヴェンというような大音楽家といわれる人たちのかきのこしていった傑作がなければ、僕は、これほどまでに音楽を愛することはなかったろう。

それに、他の人びとに音楽への愛と理解の道を用意するといっても、全然音楽に親しんだことのない人、かつて何かの音楽を愛した経験のない人を――そのような人があろうとは思えないが――音楽へ招待する術は、僕には、とうてい考えつかないのである。

それやこれやで、僕は、この本の中に僕自身のかつてふみ、今も歩いている道から、心に残った何十かの音楽的風景のスケッチをかいてみようと試みた。精密な案内図でもなければ、抽象的な教程本でもない。説明の仕方も画一的でもなければ、体系的でもない。しかし、一人の人間が歩いた道は――僕のそれはまだ本当に短いものではあるけれども、けっして抽象的であるはずはないし、また特に体系的であろうと志さなくとも、それがどこかに向いていた以上、その中には必ず一貫したものがあると、僕は確信している。僕はまた、自分の気質のうえから、あまりに細かな分れ道を尋ねて徘徊することは好まないので、いっそうそうだったと思う。そのうえ、これが僕が西洋の音楽を愛する大きな原因の一つなのだが、音楽の歴史、つまり巨匠たちのつぎつぎと歩んだ道は、その道に高低はあっても、一貫してみると、実に驚くほど、一つの大きな方向を指して進んでいる。大切なことはいつもすぐれた曲との接触を失わないことだ。

古来、名曲といわれるものはほかにもたくさんあるし、よい曲をかいた作曲家はほかにもまだいる。ここにとった曲も必ずしも、その人の最高作とは限らない。だが、前にいったように、僕はそれの集大成をしようなどとはけっして考えなかった。書いている間に、僕は、ある数人の音楽家については、単なるスケッチでなしに、もっと大きなタブローをかいてみたいという衝動に何度も襲われた。それからまた、僕は筆をとった初めから、自分の本当に知っている以上のことは何一つかくまいと思っていたのだが、ともすれば、本当に分かっていないことを、もっと調べたり考えつめてゆきたい欲望に敗けかけることもあった。その辺は、書き方も、ずいぶん、ごたごたしてしまったのではないかと恐れている。だから、むしろ、これは「名曲とその作曲家」に即しての、音楽と僕との対話の本だ、というほうが正しいかもしれない。

僕のかいたスケッチは拙く、僕のとった道はずいぶん廻りくどかったり、鈍感なためにせっかくの絶景の急所を押え損ったりしているかもしれないが、読者諸君が自分の足で歩きだした時、いくつかのスケッチはそんなに悪くないとお感じになれたら、僕は大変満足だ。またすでに僕よりもずっと遠くまでいっておられる方が、たまたまこの対話の記録を御覧になるようなことがあったとしたら、どうか僕のかきとめえたものの貧しいことを許していただきたい。ともかく僕は、この本をかくことによって、自分が何歩か前進したと考えている。ここにとった方法は、音楽については別段の勉強をしたことはないけれども、ものを正確に考える習慣のある方々にとっては、少しは興味があるかもしれないし、そうした方々の数というものは、いわゆる音楽評論家たちが考えているよりもずっと多い、と僕はかねがね信じてきていた。

巻末に、ここにあげた曲のレコード表をつけた。その選択の基準その他については、そこに注しておいた。僕はレコードのこともあまり丹念に調べたことはないので、この表の一切は木村重雄君の好意で作っていただいたものである。*

＊ レコードのリストは、今では古すぎてあまりにも役に立たなくなってしまったので、省略した。

（文中の「今世紀」は二十世紀をさす。――編集部）

# 音楽家の世界

クラシックへの招待

◉

目次

# 音楽家の世界

クラシックへの招待

## *1*　クープラン『クラヴサン組曲』

François Couperin（1668－1733）

フランソワ・クープランはちょうどゼバスティアン・バッハのように、代々音楽家を出した家系に属し、一族の音楽的才能の、発展の頂点をなしているので、クープラン・ル・グラン（大クープラン）とよばれている。

パリに生まれパリに死に、王室付きのオルガニストから、フランスでも最も由緒あるものの一つサン・ジェルヴェ教会のオルガニストになった。しかし彼は、当代に並ぶ者のないオルガンの名手であるとともに、クラヴサンの大変な名人だったので、この楽器のためにも多くの名曲を残した。そうしてこの楽曲の特性に即しかつその特徴をよく生かした彼の作曲法と演奏上の工夫は、バッハに大きな影響をおよぼしたのである。

クラヴサンは、イタリアでチェンバロ、イギリスでハープシコードと呼ぶ楽器で、鍵盤が上下二段に並び、一方を強く一方を弱く鳴るように調節できる。今日のピアノの前駆としては一番重要なものだが、英語でジャックとよばれる木片につけた堅い革で弦を撥《はじ》くので、同一鍵盤の上で強弱がつけにくく、しかもその音も非常に消えやすいのが難点だった。もちろんかつてはペダルはなかった。そこでこの楽器で旋律を奏するには、いろいろな細かな装飾音をつけて、音の効果をひきのばさなければならない。そういった装飾は、総括してアグレマンとよばれるが、そのアグレマンの扱い方や奏法も、バッハはクープランに範をとったのである。とはいえこの二人の音楽の間には大きな違いがある。それはバッハがドイツ人らしく、いっそう内面的な複雑な音感を求めたのに対し、クープランはいかにもルイ王朝華やかなりし頃のパリの貴族たちのサロンにふさわしい、優雅と洗練から生まれた詩情にみちた音楽を書き、技法を理論的に追求するような気質から遠かった。

彼のクラヴサン曲は、たいていは二声（つまり二本の旋律の線）でかかれ、その点では、彼の少し後の同じフランスのすぐれたクラヴシニスト（クラヴサン作曲家）ラモーが三声でかいたのよりも、もっと単純な音楽を作った。彼はまた王族貴顕を楽しますだけでなく、もっと平民的な小さな生活のうちにひそむ詩情や、辻音楽師や軽業師などの芸人的な、一種うらがなしくてしかも自由で気ままな生活のなかにも、音楽を発見する多感な心の持ち主だった。

彼のクラヴサン曲集は、シュイト（suit）とかオルドル（ordre）とか名づけられたり、ただピエース・ド・クラヴサンと簡単によばれたりしているが、数ある同種の作品の中では、一七一三年から三〇年にかけて印刷された四組の曲集が代表的なものだろう。その中に『フォリー・フランセーズ』というのがあって、〈処女〉〈熱愛〉〈忠実〉〈コケットリー〉〈老いたる伊達者〉などいかにもフランス好みの表題のついているものもある。そうしてこれは仮装舞踏会の雰囲気を偲ばすものだが、たとえば第二曲の〈恥じらい〉は「ばら色のドミノで」、第三、四曲の〈熱意〉と〈望み〉はそれぞれ「肉色と緑色のドミノで」といったことまでかきこんである。その他〈胡蝶〉〈翻えるリボン〉〈愛の鶯〉なども有名だ。もちろんどれも三分内外で終わる短い曲が大部分で、ロンド形式が最も多く用いられている。

そこではレースのような飾りをまとった旋律が、右手であるいはあどけなく、のびやかに、あるいははげしく奏され、その下を左手の奏する軽くてしかも表情的な音の流れが走るといったふうにできていたり、端麗な和音を奏するといったふうに書けていたりしている。一曲一曲に微妙なニュアンスを与えて特殊な対象を連想させる、という意味での描写的な性格はフランスの音楽に伝統的なものだが、クープランの音楽はその顕著な先例に属する。そのうえ彼の和声は、ハイドン以後の古典派的な扱い方からみてやや変則的なものがある。そんな点もあってか、クープランやラモーのクラヴサン曲は、十九世紀末から今世紀にかけて華々しい活躍をみせたフランスの近代音楽家たちの愛好の的となり、サティはクープランの変則な和声進行をグロテスクなままでに模倣し、ドビュッシーやラヴェルはそれぞれ高雅な余情にみちた『ラモー讃』や『クープランの墓』をかいたし、サン＝サーンスはクープランの全集を校訂出版した。いずれもドイツの古典派やロマン派とちがうフランス音楽の淵源と本質を、彼らの簡素で詩趣に富んだクラヴサン曲のうちに見たからにほかならない。

## *2* バッハ『平均律クラヴィーア曲集』

Johann Sebastian Bach（1685–1750）

バッハは、数代にわたってすぐれた音楽家を出した家に生まれ、彼の息子たち（二度の結婚で実に二十人の子供をもうけた）も、ごく短命で死んだもののほかは、みな立派な音楽家になった。ドイツ、ザクセン地方のアイゼナハに生まれ、アルンシュタット、ヴァイマルその他の教会や宮廷に仕えてから、一七〇八年再びヴァイマルに戻り、そこの教会と宮廷の音楽手になった。この頃彼はすでに堂々たる大家の域に達していたのだが、とくにオルガンの作曲家としての活躍は、最初のクライマックスに達し、多くの傑作をかいた。今日有名なオルガンのためのトッカータ、コラール・プレリュード、ファンタジー、フーガなどは、主としてこの頃作られたものである。ついで一七一七年ケーテンの宮廷楽長となったが、ここではこの頃の宮廷の常として室内用器楽曲が好まれていたので、もっぱら器楽曲をかいた。『ブランデンブルク協奏曲』、クラヴサンのための組曲、ヴァイオリンやチェロのための無伴奏ソナタなどの不朽の傑作は、すべてここでかかれた。その後一七二三年ライプツィヒのトマス教会の合唱長になり、ついに死ぬまでそこにいた。生涯を通じて二〇〇になんなんとするカンタータ、受難曲、大小のミサ曲などの数えきれないほどの教会用音楽が彼の手から生まれた。器楽曲にも以上のほかに子供たちの教材としてかいた『インヴェンション』や、フーガ作法の粋をつくした『フーガの技法』、フリードリヒ大王にあてた『音楽の捧げもの』などがある。

バッハは、「近世音楽の父」とよばれる。シューマンは「キリスト教におけるキリストの如き人」と讃え、ベートーヴェンは「われわれすべての父」といい、モーツァルトは晩年の円熟の極に達した頃、バッハの未刊の楽譜をみて、「ここになお学ぶべきものがある」と叫んだといわれる。実際バッハは、まさにそれほどの存在だったのである。

そのわけを説明するのは容易なことではないが、それをしないのでは、全然音楽の歴史の話をしたことにならないから、要点だけかいつまんでいってみよう。西洋の音楽は、中世にプレン・シャンといって教会で歌われる一本の旋律を独唱または斉唱する形で行なわれていたが、次にそのふしに合わせて、それとちがうがよく協和するような高さで歌う声をまぜるようになった。だんだんすすむうちに一方が高くなると、一方が低くなるとか、同じ時間の中で一方が長くゆっくり歌うと、一方が細かく動くとか、たがいに独立して動いて、しかもそこに調和があるような工夫がされてきた。そのうちに、しだいに同時に歌うふしの数を増やしたり、組合わせもいろいろ複雑になったのだが、こうした音楽は、いわば各個のふしの流れを水平に独立したものと考え、それを幾重にもならべたようなもので、十五世紀のオランダ人たちの音楽にいたって、その工夫は複雑の極に達し、十何声部という線があやつられることさえ珍しくなかった。

しかし十六世紀の初頭、イタリアから、一本の声部が旋律を奏し、その横に流れる線に対していわば縦に棒をひくように、同時にぽんといくつかの音をならしてリズムをつけたり、旋律の中にある音を強調するというふうに作られた音楽が生まれた。普通これを和声的な単音楽（ホモフォニー）とよび、前のものを対位法的に作られた複音楽（ポリフォニー）と呼ぶ。

これは音楽の歴史上、実に革命的な出来事で、いってみれば今までよこ糸だけで縞が織られていたところへ、縦にも模様がはいったようなものだ。しかしそれをところどころ縦に結ぶだけでなく、縦横にべったりと模様がつけられるようになるまでには、まだまだひまがかかった。まして、どうやれば同時に鳴らされる数個の音が、つぎつぎと横にもうまく流れるようになるか、つまり単に色とりどりの縞というよりも、そこにある芸術的な表現としての意味というか、作るものの内面的精神的な意欲を表現するうえに柔軟な材料を提供するものになるか、それを解決するのは大変なことだった。バッハはこの難事業に対し、決定的な役割を演じたのである。これを技術的な用語を使っていえば、バッハははじめて和声的な用法と対位的な用法とを綜合して、それを通じて音楽的な美を実現した人ということになる。もちろん、バッハの少し前から、この横（対位法）と縦（和声法）とを綜合して音楽をかく人は出ていた。しかしバッハが実現したものは、その方法のほとんど完成度に達したくらい高いものだった。そこには、予言者とキリストに比べられるくらいの違いがある。バッハ以後の今世紀初めまでの音楽は、すべて和声的ホモフォニーの音楽だが、それは彼に発したといって、まず差支えないのである。

完成と、今僕はいったが、もちろんバッハが、後世の人たちのいうべきことやいう方法を、全部成就してしまったという意味での完成ではない。彼がその後二世紀の音楽の意識の基盤となるものを、完全に捉えて実現した、という意味でいったのである。

ではその縦と横を結ぶ軸は何か。それを僕らは調性（トナリティー）とよんでいる。和声的な音楽には、ある一つの中心があって、他のすべての音は、それとどんな関係にたっているかということで、理解されるのである。今日のヨーロッパ音楽の体系で音階といえば、普通、長調のそれと短調のそれしかない。どれもみなドからはじまってドに終わる。その中でソはドから数えて五つ目の音であり、シはドの一つ下の音である、といったふうに理解されるのである。またその価値は、中心になっている音との親近さから割りだされる。中心の音（主音《トニカ》）を助け、これの効果を強める音は、属音（ドミナンテ）とよばれ、ドに対し5度上、ないしは4度下のソがそれである、といった具合である。そうしてあえていえば、和声的な音楽とはすべて、その主音に向かって集中しようとする傾向と、再びその主音からわかれてゆこうとする傾向と、この二つの力の傾向の間の緊張と解放との関係からできているのである。あるいは最初にとられた調性から出発して、別の調性に転調されたのち、再び原調に戻る運動としてとらえることができる。バッハは、それをはっきり意識して、音楽をかいたのである。彼は、いわば音の求心的な動きの中核である近代的調性感を、完全に確立した。

それと関連して、もう一つ、彼は非常に重要な仕事をした。それは平均律の採用ということである。今いったような音の親近関係というのは、実は音響学的な陪音現象という事実に合致するものなのだが、これを厳密にとってゆくと、各調性のそれぞれの音階の間に微妙な差ができる。たとえば同じハの音でも、変イ長調の3度としてのハと、変ニ長調の主音から半音下の音としてのハとでは、少し高さがちがう。だからクラヴサンやピアノのような鍵盤楽器の場合、非常に沢山のキーを作るか、さもなければ曲ごとにいちいち調律し直さなければならず、しかもそうやっても、一つの曲の中途で任意の別の調へうつるわけにはゆかなくなる。そこでバッハは、各調ごとに生ずる微妙な差を、平均して割りだしたところで（つまり一オクターヴを十二に均等に分割して）調律することにした。その結果、和音は時にやや濁っても、一つの楽器でどんな調の曲もひけるし、一つの曲の中でどんなに遠くはなれた調性にも転調できることになった。

音階については、遠くギリシアの昔からいろいろな理論があったのだが、バッハは特に平均律の問題に深い関心をもち、演奏と作曲と両方の観点から研究した結果、以上の結論に到達したのである。そうしてこの原理に即してかいたのが、ここにかかげた『平均律クラヴィーア曲集』である。これには二巻あるが、第一巻は一七二二年に完成され、第二巻は（実はこれには「平均律云々」の表題はないのだが、同じ構想でかかれているので、今日では第二巻とよんでいる）一七四四年までに出来たといわれる。曲集はいずれも二十四の調性でかかれ、各調性ごとに前奏曲とフーガが一対となってかいてある（一オクターヴは十二の半音からなっているから、その一つ一つを主音にした長調と短調とをつかえば二十四の調が得られ、かつそれ以外には調性は一つもないことになる)。前奏曲は、いろいろなスタイルでかかれている。形でいえば、ソナタ形式の原型のようなものとか練習曲のようなものもあるし、情趣の点からいえば、抒情的なのや、幻想曲風のものや、多種多様である。フーガのほうも、この形式が許す限りで、実にさまざまに書きわけられている。対位法的な趣の強いもの、和声的なもの。声部は二声から五声まである。主題も一つのものから、三つのものまである。ここではとてもいちいち説明できないが、そのなかで一つ強く感じることは、バッハはどんな主題をとっても、その主題のもっている性質を、一番よく発揮するような形でかくだけの力量をもっていた点である。フーガという形式は、ある主題からはじめて、それを順次いくつかの声部で奏し、ある声部が主題を奏している間に、別の声部は、それとよく調和するか、はっきりとそれ自体の特徴をもった旋律を奏す(提示部)。それから主題またはその一部を、いろいろな調性で転調しながら奏し(展開部)、最後に冒頭の調性に戻って、主題を奏して終わる(再現部)というのが大体の形だが、そのため作曲者は、この形式でやりやすい主題を選ぶわけだから、そこにおのずから、一種の公式的な型が出来てくる。バッハのものをみていると、彼はそれに少しも捉われず、公式的なものももちろんとりあげてはいるが、何よりも、主題のもつ細かな違いや特徴に対して、非常に生き生きした感受性をもち、どんな主題をとっても、それに一番ぴったりするようなスタイルと形で、楽想を展開している。これは、芸術制作の原理みたいなものだが、バッハが、最も厳格な楽式といわれるフーガで示した自在さには、彼以外どんな音楽家もおよばないすばらしさがある。

## 3　バッハ『管弦楽組曲第二番ロ短調』

この曲は、バッハがケーテンにいる頃かかれた。バッハは管弦楽組曲を、他に三つかいた。組曲というのは、元来が舞曲に由来し、芸術的に洗練されてきたものをいくつか組み合わせて出来たもので、アルマンド（ドイツ風という意。あまり速くない）、クーラント（走るという意。フランス系の舞曲）、サラバンド（スペイン系の荘重な舞曲）、ジーグ（イタリア系の速い舞曲。主にポリフォニックなスタイルでかかれる）の順でかかれるが、その前に序曲がついたり、メヌエット、ガヴォット、ポロネーズその他の曲がはさまれることも多い。

バッハのこの種の曲は、フーガなどにみる厳格で高度に知的な形式の達人バッハと、宗教音楽にみられる宗教的霊感にみちた、敬虔な偉人バッハとはまたちがった、美しい飾られた礼服をまとい鬘《かつら》をつけた、十七世紀風の宮廷人たちの社会を反映した音詩人としての、彼の一面を語るものである。

ここにとった『ロ短調組曲』は、フリュート独奏と弦楽合奏のためにかかれ、第一曲は、序曲とフーガ、第二曲はロンド（普通の舞曲という概念を通りこして、技法的にも高度にかかれている）、第三曲サラバンド（高音部と低音部とが5度で模倣進行する）、第四曲ブーレ（フランスに起こった四分の四拍子の速い踊りの曲）、第五曲ポロネーズ（ポーランドに発し、この頃西欧に入って来た。当時の西欧の宮廷人にはエキゾティックな魅力がたっぷり感じられたのであろう）、それからメヌエット、終曲がバディヌリ（おしゃべりというフランス語に発した、軽快で洒落た曲）となっている。全曲を通じて、いかにも明るく楽しげで、一点の曇りもない。

音楽的表現におけるこうした晴朗さは、後代にゆくほど、しだいに音楽から失われてしまった。それともう一つ指摘しておきたいことは、ここでみるように、当時のヨーロッパの貴族およびそれをめぐる社会は、ヨーロッパというものを一つの協同体として、意識していた。彼らにとって各国間の差は、ヨーロッパという共通の地盤にたったうえでの地方色にすぎなかったのではあるまいか。したがってバッハも、イタリア、フランス、イギリスなど他国の音楽からいれるべきものはどしどしとりいれた。彼は別にドイツの音楽を書こうなどと考えていなかった。

# 4　バッハ『マタイ受難曲《パッション》』

バッハは、福音書による受難曲を、少なくとも三つかいたといわれるが、今では、ヨハネ伝によるものと、マタイ伝によるものとの二つしか残っていない。そのうちヨハネ伝によるものは、一七二三年、彼がライプツィヒに着任した時演奏されたが、後者は、一七二九年にかかれ、その年演奏された。

パッションというものは、キリストの受難を民衆に想い起こさせるために劇や音楽で演じられるもので、非常に古くから行なわれていた。それも、必ずしも教会の儀式用の芸術として伝えられたわけではなく、中世の神秘劇《ミステリー》や奇蹟劇《ミラクル》とかは、みな聖書のよめない人びとに、主イエスの事蹟や生涯や蘇りを如実に感得させるために、所作や朗読を交えて演じられていたのである。受難曲は、バッハの頃までに種々の変遷を辿ってきたが、たとえばこのヨハネ伝による受難曲のような大がかりなものになると、ソリロキア（福音書の使徒に擬したもの）といって受難の顛末を、一種の朗読誦の役（テナー）であるとか、キリストの言葉をのべる役（バス）、ペテロとかユダとかいった使徒の役、あるいは信者や群集の中の個人を演じる役とかの独唱者があり、それに対し、信者とかローマ兵士などの集団を表わす合唱隊がある。彼らは劇的なスタイルで、彼らの感動を表わす合唱と、コラールといって新教の合唱讃美歌のスタイルでかかれ、もっと静的なリリカルな部分を受け持つが、この曲では少年と成人の合唱隊が要求されている。それに管弦楽とオルガン、チェンバロなどの伴奏が加わるので、全体はきわめて大がかりなものになる。といっても、バッハの当時教会で使用できた合唱隊や音楽家の数は、今日とはくらべものにならないくらい少数だったらしい。

この曲はマタイ伝第二十六章と七章の全文をルターがドイツ語に訳したものを土台に、ピカンダーという人が書いた歌詞によっており、まず「シオンの娘たちよ、わが嘆くを助けよ」という合唱にはじまり「われら涙もて蹲《うずくま》る」という大合唱に終わる。コラールの旋律は同じものが幾度も使われるが、「おお、血にまみれ、いっぱい傷をうけた頭よ、悩みと嘲《あざけ》りにみたされた頭よ！」の歌詞のついたコラールの美しさは、いいようがない。それにまた、これらのコラールは、単に別々の歌詞をもって使用されるだけでなく、前後に合わせて移調されたうえでの登場で、全体を統一する要素としても使用されている。また「われらは涙ながらにひれふし、墓の中の汝に呼びかける、憩え、やすらかに！」という合唱は、非常に簡素にかかれているが、深い感動を与えずにいない。ソロでは、「かくてイエスはとらえられぬ」というアルトの二重唱。これにはフリュートとオーボエが助奏し、カノン風にかかれているが、哀傷極まりない逸品である。あくまで控え目なタッチで、伴奏も歌も実に少ない音でかいてある。

たとえ歌詞がなくとも、ちょうどバッハの器楽的三重奏か何かのもつ、純粋な音だけの曲の与えるあの清純な哀傷に達している。と思う間に合唱が加わり「彼を放せ！」という叫びが発せられ、ひきつづき恐ろしい速さで稲妻が走り雷が轟きだす。「おお地獄よ、火を吐きつつ大地を割れ。怒り狂い破壊し呑みつくせ。偽りの裏切りものを粉砕せよ」と合唱は追いすがるように絶叫する。この突然の変化と、それの表現の力強さは、音楽の世界でも他に例のない美しさを放つ。バッハの宗教的声楽曲には名作が多いが、この曲はそのなかでも特筆すべき傑作であり、キリスト教の生んだ最高の芸術の一つである。

## 5　ヘンデル『救世主《メサイア》』

Georg Friedrich Händel（1685–1759）

ヘンデルはバッハと同じ年に、しかも場所も割と近いハレに生まれた。幼時から非常な楽才を示していたが、父の命で大学の法科に入った。しかし天才の向かうところどうにもならず、ハンブルクの劇場でヴァイオリンをひきながら、オペラをかいたのをふりだしに、イタリアの各地を歴訪、オルガンとクラヴサンの稀有な名手としての声望と、オペラの作者として成功をおさめた。一七一〇年イギリスに渡り、恐ろしいくらい多くのオペラをかいた。その間彼の剛腹な気性や英国王の寵愛をねたむ貴族の陰謀と戦ったり、公衆の移り気な嗜好に悩まされたり、幾度の栄枯盛衰を経験、ついに自営のオペラは破産し、健康は極度に害《そこな》われるといった羽目に追いつめられたが、一七四一年、オラトリオ『メサイア』で、一挙に不抜の国民的声望を確立した。彼には、オペラ、オラトリオのほか、室内楽や協奏曲、クラヴサンおよびオルガン曲など、おびただしい数に上る作品がある。彼が死ぬと、英国民たちはその偉業をたたえ、自国のもった最大の精神的英雄の一人として、ウエストミンスター寺院に厚く葬った。

今ふれたように、この『メサイア』は一七四一年にかかれたが、この作品は演奏に三時間前後を要するという大作なのに、ヘンデルはわずか二十四日でかきあげた。この曲にかぎらず、ヘンデルはいつもきわめて筆の速い音楽家だった。したがって彼の音楽はどちらかというと慎重入念な吟味が欠けており、一つの曲の中でもかなり出来不出来がある（ニーチェは「ヘンデルはいつも曲を書きおえた時、いちばん満足していた」といっている）。しかし全体としては、実に圧倒的な、巨峰のような感銘を与える。つまり、細部に拘泥しないで、全体を握る性質の芸術家なのである。そうした性質は、曲全体についてばかりでなく、創作そのものに対する態度についてもいえるわけで、構成も精密でなく、ぞんざいにかきとばしたように見えるところもかなりたくさんある。しかし楽譜でみて大雑把にみえるものも、実演してみると、壮大で朗々と響く。とくに合唱がそうである。この『メサイア』でも〈神に栄光あれ〉の燦然たる効果、終わりの〈アーメン〉の権威にみちた崇厳さ、それからあまりにも有名な〈ハレルヤ〉など、主として合唱部に、とくにすぐれたものが多い。もちろん独唱や重奏部にも、捨てがたい旋律美がみなぎっていることは事実だが。説明が前後したが、この『メサイア』はオラトリオである。オラトリオは、聖書に取材した筋を中心に、独唱、合唱、管弦楽のためにかかれた音楽であるが、オペラとちがい所作はない。前のパッションは、だからオラトリオの一種ともいえる。ただヘンデルは、必ずしも聖書によらず、ギリシアやローマの古代に取材したものも、オラトリオとよんだ。この『メサイア』は、第一部がイザヤ書その他によった救世主イエスの降臨の予言と、福音書によるイエスの業績を歌い、第二部ではイエスの受けた苦難とその勝利を、福音書やエレミア哀歌、詩篇などから適宜に引用した歌詞によってのべ、第三部で復活と未来の栄光を、コリント書やローマ書からとった歌詞によって伝えるという構成になっている。ヘンデルはもともとこれを、アイルランドの首都ダブリンで催される慈善音楽会のためにかいた。初演で大成功をおさめて以来、彼は毎年演奏しては、その収益をことごとく不具者や出獄者などの不幸な人たちのために投じたといわれる。これはその後一七五〇年以来復活し、今日まで年中行事として行なわれていると伝えられるが、それというのもこの曲のもつ音楽的な尊厳と美が、いかにもそれにふさわしいものだからである。

## 6　スカルラッティ『チェンバロのためのソナタ　ホ長調』（L三七五）

Giuseppe Domenico Scarlatti（1685–1757）

スカルラッティは、ナポリ楽派の大家として数多くのオペラなどをかいたアレッサンドロの子で、父から音楽教育をうけた。父親のオペラは、ヘンデルのそれと同じく、主に様式化された長いレチタティーヴォとアリアをつづり合わせた、劇的なというよりもむしろ純然たる声楽曲的なオペラだった。ドメニコもいくつかそんなオペラや、教会用の音楽もかいたが、彼の仕事の一番大切なものは、チェンバロのために、純然たる器楽的なスタイルの楽曲をたくさん残した点にある。

クープランやラモーなどの、フランスのクラヴシニストたちの曲は、まだかなり歌うような旋律を主としてかいてあったが、このイタリアの音楽家は、そういった抒情的声楽的なものでもなく、バッハのような深い精神的な霊感に発した壮大な複雑なものでもない音楽、つまり純然たる音の戯れであるとともに、それを楽器で奏するときに、いろいろな技巧上のむずかしさをのり越える喜びを、主たる魅力とした音楽をかいたのである。

チェンバロやピアノには、急に音をふやしたりへらしたり、アクセントをはげしく強めたり弱めたりして、音楽的な表現を行なう力がある。これも音楽にとって、大変に強力な武器になった。彼のチェンバロ曲はすべて、チェンバロやピアノで奏する時にのみ十分の効果をもつような曲で、それには非常に速い勢いで上下する走句や、一遍に遠く離れた音へとび移ったり、左右の手が互いに交叉したり、並行して音階を奏したりするものが多いが、これは音楽を、声楽的な旋律をかきつづけて作るやり方から解放したことであり、そのために彼は、声部の数も自由に増減する、というよりもその音の勢いの増減が曲の面白さの中心になるのに都合のいい形式を採用した。それを彼は、ソナタ（元来器楽曲というほどの意味の言葉）とかエッシェルチィーチィ（練習曲）とよんだ。

ソナタといっても、ハイドン以降のそれとはちがい、だいたい一楽章しかなく、それが二部に分かれ、一部がハ長調ではじまるときは5度上のト長調で終わり、二部はト長調からはじまってハ長調に戻って終わる（例外もあるけれど）。そしてその両方の部分がくり返されるというだけのことで、近代ソナタのごとく二つの対照的な主題を対比させて、それを展開させるという具合には、必ずしもいつもなっていると限らない。

ここにあげたソナタもその形式をとり、四分の二拍子で非常に速く奏される。最初は、右手が三度重った二つの音を順次下降さすという楽想ではじまり、それに左手が低音を連打してアクセントをつける。ついで両手が3度か6度の音程でさかんに走り廻るというふうの、いかにもきびきびした曲である。

それに彼は、同じ年に生まれたにもかかわらず、バッハのように調性の考え方が徹底してないので、ときどき調性の曖昧な個所が出てくる。それがまた、現代の調性感をややぼかすことを好む傾向にも合致するので、濃厚な情緒や複雑な構成をさけた、音の軽快な戯れとしての音楽的特性と相俟って、ちょっと新鮮な現代風な感じを起こさせる。

そのため生前には、三十ほどの曲をあつめた『クラヴィチェンバロの練習曲』一巻しか出版されなかったのに、十九世紀末から、ピアノの名手たちが興味をもっていろいろに編曲したり校訂したりしはじめ、今では六〇〇曲にあまるソナタを網羅した、立派な全集十一巻が出版され、ピアノの独奏会などでも、しばしば好んで演奏されている。

このソナタのほかに、私が特に好きなものとして、たとえばニ短調（L四二二）のトッカータ風のもの、あるいは珍しくアンダンテの重々しい踊りを思わすホ長調

（L二三）もあげておこうか。また、曲のつぎにLと書いて数字をつけたのは、これらのソナタに成立順に整理したロンゴによる番号である。今日ではこの番号は必ずしも全部正確とはいえないが、習慣になっているので、ここではそれを踏襲した。

## 7　タルティーニ『ヴァイオリン・ソナタ　ト短調　悪魔のトリル』

Giuseppe Tartini（1692–1770）

タルティーニは、十八世紀イタリアのヴァイオリンの奏法と作曲法のうえで重要な貢献をした音楽家である。生まれたのはピラーノというところだが、パドヴァの大学生だった頃結婚問題でいざこざが起こり、しばらく聖フランチェスコで名高いアッシジに、身をかくしていたことがあった（一七一三年頃）。のちパドヴァに戻り、ヴァイオリンの塾を開き、多くの弟子を養成しながら（グラウン、ナルディーニ、プニャーニ等）、ヴァイオリン奏法の伝統に大きな足跡をのこしたほか、非常に沢山のヴァイオリン曲（協奏曲一五〇、トリオ・ソナタ五〇、ソナタ一五〇、その他）をかいた。理論書もある。

スカルラッティでもいったように、十七世紀から十八世紀にかけてのイタリアの音楽家たちは、音楽の発展にめざましい役割を演じた。特に、彼らは、楽器だけを使って奏する大規模な「純粋器楽」の道を開いたのである。

それまでの西洋の音楽の大本は、教会でうたわれる宗教音楽にあった。民謡や民俗舞曲ももちろんあったが、中心は教会の儀式のための声楽曲で、楽器はそれの伴奏をするのが主な役目だった。それが、教会からはなれ、しかも楽器だけを組み合わした大規模な音楽をかくようになったのは、まずイタリアの、ヴァイオリンのための音楽家たちの仕事にはじまるのである。なかでもアルカンジェロ・コレッリ（一六五三—一七一三）、アントニオ・ヴィヴァルディ（一六七八—一七四一）らは、最も大きな役をつとめた。

人間の声とも言葉ともはなれ、器楽で奏される、音だけの美しさを追求するという考えが生まれるには、まずその楽器が、すでにそれだけ美しい音を出し、そのうえかなりの複雑な表現ができるようになっていなければならない。

その意味で、当時、楽器として一番完成していたのは、ヴァイオリンとオルガンであった。したがって当時の作曲家といえば、まずヴァイオリン奏者か、オルガニストだった。これはどんな芸術においても同じだと思うが、芸術の目ざましい発展のあるところには、たいていその裏に、表現の素材となり手段となるものの、飛躍的な進歩がある。十七、八世紀のイタリア音楽の発展の裏には、ヴァイオリンという楽器の完成と、その奏法の進歩があったのは、ちょうど十九世紀におけるピアノの完成と、その演奏法の発達が、音楽の世界に新しいロマン派音楽の花を豊かにひらかせたのと同じような現象である。

タルティーニは、そのコレッリやヴィヴァルディにつぐ段階を代表する人である。まず彼のヴァイオリン演奏上の業績からいうと、運弓法の改良がある。ヴァイオリンそのものの構造は、大体十六世紀に出来上がっていたが、弓のほうは、十八世紀の末になってはじめて今日のそれになったくらいで、その間いろいろと改良が加えられたのである。タルティーニは、弓を軽い木で作り、外側のふくらみ方を直し、首部を小さくして、後部の端の握りを握りやすくした。それは、彼が組織的に弓の使い方を研究して、むずかしい楽句を美しい音でひくのに便利なように、また一度に二つ以上の弦をこすって、二つ以上の音が出せるようにと、だんだんに考えていった結果なされたのである。彼はまた、その重音を美しく協和さすことを研究しているうちに、「差音」の現象を発見した（これは簡単にいうと、3度または6度関係をなす二つの音が、もし完全に協和している時には、その和音の基音になる低い音が、誰もひかないのに自然と鳴りだすという現象である）。

タルティーニが、こうした技術的な工夫や音響学的な研究をしたのは、しかし、単にそれだけを面白がったからではなく、音楽家としても力強い個性をもっていたからである。彼の音楽は、コレッリの定めた形式を大体踏襲しているが、そこには、コレッリにみられない楽しい熱情と、ロマンティックな憂愁とが漂っている。

『悪魔のトリル』として有名な『ト短調ヴァイオリン・ソナタ』は、彼がアッシジに遁《のが》れて、ひとりでヴァイオリン音楽を研究していた頃かかれた。タルティーニはこの曲について、「ある晩、夢に悪魔が出て来て、ヴァイオリンを奏くのをきいた。そのもの凄い美しさに驚嘆した途端に目がさめたので、すぐかきとってみたが、とてもその美しさは表わせなかった」と手紙でいっているそうである。

この曲の第三楽章には、約一八小節にわたってトリル（細かく速く隣り相互の音を交互にひくこと）が奏される個所があり、「悪魔のトリル」と但書きがしてあるので、この名でよばれるようになった。

曲は三つの楽章からなり、第一楽章は、優しいゆっくりした楽章で、二つの部分に分かれ、それぞれがくり返される。

第二楽章は、アレグロ、四分の二拍子。これも前と同じト短調で、形式も同じ。ただ第一楽章が歌謡風なのに比べて、ここではいかにも音楽的な、技巧的な動きが一貫している。

この頃のヴァイオリン・ソナタは、以上の緩急の二楽章に、もう一度遅い楽章と速い楽章とが並べられ、全部で四楽章にかかれるのが普通だったが、この曲では、それがつぎの第三楽章として一つにまとめられている。といってもこの終楽章では荘重な旋律を奏するゆっくりした部分と、きわめて速いアレグロとが、交互に三度ずつ出てくる。そしてアレグロの終わりに、さっきいった「悪魔のトリル」が奏されるのである。そこは二重音式にかかれ、高音部がトリルを奏しつづけている下を、もう一本の旋律が独立して動く。そうしてグロテスクな不気味な響きを出す。そのほかアレグロは、二重音ありアルペッジョありで、むずかしい技巧がふんだんに駆使される。

この曲には、チェンバロの伴奏があるが、この頃のヴァイオリン・ソナタは、まだこの二つの楽器を有機的に組み合わせるようにはかかれておらず、チェンバロは、和声を埋めリズムをはっきり刻む役を与えられているにすぎない。

## 8　グルック『オルフェオとエウリディーチェ』

Christoph Willibald (von) Gluck（1714−1787）

グルックはオーストリアの片田舎に生まれ、ジェズイット教派の教育をうけた。その後ミラノへ行って音楽を勉強し、イタリアの各地でオペラを作曲上演した。一七四七年招かれてロンドンに赴き、オペラを上演して惨憺たる失敗をした。グルックが、オペラの改革者として、大作曲家のうちに数えられるようになったのは、実にこの失敗あるがためだった。というのは、この時彼は、これまでの自分の作品のうち、一番成功もしたし自信もある歌を、沢山もりこんで作曲した。それがまんまと失敗して、はじめて彼は気がついた。一つ一つの音楽が悪くないのに、全体として失敗したのだとすれば、オペラで成功するには、本当は別な何かが必要なのだ、と。これはもちろんあたり前のことで、どんな作品も、ことに長い曲ならなおさら、部分は全体の統御のもとになければならない。今まで長い間オペラをかいてきた末、三十幾つになって、はじめてこれに気がついたというのも、実は、その頃のオペラをかく人も、誰一人そこをはっきり考えていないからだった。

グルックは人並はずれて理性的な、冷静な思弁に長じた人物だった。その彼でも、その頃もっぱら行なわれていた、イタリア風のオペラに従ってかいている間は、その中にいくつか大向こうの当たりをとるようなアリアがあれば、それでもう、オペラはいいものだと思っていた。

それにはオペラ歌手の美声と技巧を、遺憾なく発揮させるように作曲することが大切で、いわば歌手たちの注文に合わせて作った歌を、何とか辻褄のあうようにしたものが、つまりオペラだったのである。

しかし、それをどう改めたらいいのか。この問題を解決するため、グルックは他人のオペラを指揮上演したり、自作についてつぶさにこれを検討した。そうしてついに新しい原理に基づいたオペラを発表するまで、実に十六年かかった。

　時に彼は四十八歳。その時の作品が、すなわちこの『オルフェオ』である。ここで、彼が自ら課した基準は、大体次のように要約できよう。

　どんな場合でも、音楽が劇の進行から浮き上がらぬようにする。それまでのアリアの千遍一律な形式にとらわれぬこと。適当な合唱や舞踊曲などを中にはさむこと。それだけにまた劇の筋は、十分に劇的な効果を生むような、周到な考慮をはらって構成すること。大体こういったことだが、ほかに特に戒心すべきは、主役たる歌手が、自分の腕前を発揮するために歌に勝手な装飾をつけて、劇全体の秩序からはみ出さぬようにすることとであった。

『オルフェオ』の筋は、ギリシアの詩人オルフェオは最愛の妻のエウリディーチェが不慮の死をとげたので、日夜の別なく、悲嘆にくれていた。そこに彼の愛の深さに感じたアモールの神が現われ、地下の世界に行って彼女をつれ戻してくるのを助けようという。こうしてオルフェオは地獄と天国を通って、亡き妻をつれ戻すのに成功する。ただしその時、彼は地上へつくまで、ふり返って妻の顔をみてはならぬと申し渡される。しかしそれとは知らぬ妻があまりせがむので、ついにふり返ってしまう。と途端に、エウリディーチェはまた命を失って倒れる。こうして最愛の妻を再び失って、絶望のあまり自殺しようとすると、そこへ「汝の試練は終わった」と、愛の神が妻をつれて来てくれるといったふうのものである。

第一幕の、悲嘆にくれたオルフェオが、妻を慕う歌とか、第二幕の、妖魔たちの不気味に咆吼する場面の音楽は、当時の人びとに非常な感銘を与えた。

今では、リラを片手にオルフェオの歌う「私は愛する妻を失った」のアリアや優雅な楽園の精霊たちの舞踏（ガヴォット舞曲のスタイル）などが、特に好んで演奏されるほかは、あまりきかれなくなったが、それでも普通今日なおときに舞台に上るオペラの中で、最も古いものはこの曲ということになっている。

グルックのオペラの音楽は、以上のように、完全に劇の下僕であることを目的としてかかれているので、音の使い方も厳しく節約され、非常に簡素なものだが、そのためにかえって音楽自体としてみたときには、実に簡潔な緊張した美しさをもち、一種の悲壮感さえ伴い、当時のイタリア風の大袈裟に誇張されたものと、鋭く対立する。

また言葉をはっきりと旋律化せず、朗読するように詠ずるレチタティーヴォの書き方も、「言葉の語勢や意味に忠実な」真率なスタイルでかかれている。

このオペラは十八世紀新古典主義の最も代表的オペラといってよいのだろう。この曲が選りに選って十九世紀のロマン主義音楽家ベルリオーズとヴァーグナーに高く評価されたというのは、おもしろい事実である。

# 9　ハイドン『交響曲ト長調　驚愕』

Franz Joseph Haydn（1732−1809）

ハイドンは、オーストリアの片田舎の、車大工の子として生まれた。父親も大変歌の好きな人だったが、ハイドンも幼い時から美声と際立った楽才にめぐまれていたので、一七四〇年ヴィーンに来て教会の合唱団に入り、そこで正規の音楽教育をうけた。そのうち声変わりとともに地位を失い、苦しい生活をしたが、しだいに認められ、貴族のお抱えの音楽手になった。この頃の音楽家たちは、オペラでも作るほかは、貴族か教会に仕える以外に生活の道はなかったのである。ハイドンは、その後ハンガリーのエステルハージ公という大貴族に仕えて、生涯の大半を送り、主公の死とともにヴィーンで自由な恩給生活に入ったのが、五十八歳の時である。六十歳をすぎてロンドンに二度招かれて十二曲の交響曲をかき、ナポレオン軍占領下のヴィーンで七十七歳の長い生涯を終えた。

ハイドンは働きざかりの歳月を田舎の貴族の許《もと》で送り、そこで新曲を作り演奏させられた。後年彼は、「私は田舎に住み外界から孤立していたので、いやでも独創的にならぬわけにゆかなかった」と述懐している。その代わり彼の手許には、いつでも使える——使わなければならぬ管弦楽団という、大きな新しい楽器が控えていた。それをつかって彼は、いろいろな楽器の性能を験《ため》し、その組合わせの効果を実験してみることができた。田舎者の純朴さと真率さ、たえず自分ひとりで考えながら作曲する必要、しかもかなり高い鑑識眼と豊かな経験をもった、貴族たちの耳を悦ばせるだけの洗練さをもった音楽をかく必要。こうしたものが、ハイドンの独創的な仕事の土台になった。

ハイドンの仕事は、近代の音楽を確立するうえに、バッハについで大きな意義をもつ。

ハイドンは、まず近代的な管弦楽の編成の基礎を作った。彼は楽器を三つの群に分かち、第一の弦楽器群（ヴァイオリン、ヴィオラ、チェロ、コントラバス）を、管弦楽の中心とした。そして木管楽器群（フリュート、オーボエ、ファゴット、それに後にクラリネットが加わる）と、金管楽器群（トランペット、ホルン）とは、それぞれに特有の音質を利用して、適当に弦楽器群にまぜるという原則を確立した。これは楽器の表現能力をも睨み合わせて決めたのであるが、いわば弦楽器は主食で、したがって演奏者も最も多い。木管は各楽器ともそれぞれ一人かせいぜい二人、金管も二、三人で、これらはおかずとか調味料として扱われる。ハイドンはそれになお太鼓《ティンパニ》を加え、今まで使われていたチェンバロを、管弦楽からとりさった。この編成は、ついさきごろまで、最も合理的な体系として認められていた。

またハイドンは、交響曲の父とよばれる。これは、何も彼がはじめてシンフォニーというものをかいたからではない。シンフォニーは彼以前にも書かれていた。ハイドンがこれまであった楽器を集め、管弦楽の編成として最も合理的なものに改めたように、交響曲作曲の分野でも、今日まで最も大規模で重要な器楽曲として発展する原則を確立し、その典型を作ったからである。しかも管弦楽の編成と交響曲のスタイルの間には、深い相関関係がある。だから合理的な編成をしたといっても、それは音の響きの効果やバランスということばかりでなく、それで演奏される交響曲という音楽の性質に適合する音響体として組織したということを意味するわけでもある。要するに楽器と楽想とは不可分の関係にあるのだ。

ハイドンの交響曲は、いくつかのまとまった曲（楽章）を集合したものである。はじめはまずソナタ形式（次の項目を参照のこと）による、高度に知的でしかも堂々たる趣をもつ、比較的速い楽章。次におそい美しい旋律をのびやかに奏する、歌謡的な楽章。三番目は明るくて快活な舞曲のメヌエット。最後は速くてさわやかで、軽快な楽章。こうしてそれぞれがちがった趣をもちながら、全体としてまとまった印象を与え、その排列をも十分考えて、知性と感情と感覚と意志を十分に堪能させるような音楽が生まれたのである。

ここにとった交響曲『驚愕』は、一七九〇年から翌年にわたり、ハイドンがはじめてロンドンに招かれた時に作曲された。彼は二度のロンドン行きで、一回に六曲ずつの新作を上演する契約をしたが、その十二曲の交響曲は約百七十に上る彼のこの分野での作曲の頂点をなしている。

この曲の第一楽章には短い荘重な序奏があって、「歌うようにゆるやかに」はじまり、ついで「きわめて速く」と指示された主要部がくる。第一主題はまず弦が奏し、それから全管楽部が加わり勢よくつづける。

第二楽章は、ハ長調のアンダンテの主題と変奏曲とでできている。主題は、抒情的というより、簡潔なモットー風のもので、一度きけば誰も忘れられないようにできている。変奏されても、主題を見失う恐れはない。主題が弱く奏されてから、突然全管弦楽が、一度にがんと鳴る。きくものは思わず驚く。驚愕交響曲の名のある所以だ。子供らしい悪戯という人もあるだろう。しかし主題が主題なので、無口な謹厳な人が、突然机を叩きでもしたような諧謔味がある。変奏は比較的簡単だが、非常に造型的である。いったんハ長調に変わるが、流暢で美しい。

第三楽章は、ト長調にかえり、メヌエット。ハイドンはメヌエットをいろいろと工夫してかきわけている。「みんなは曲をきくとすぐ対位法がどうとかいうが、私は誰かが本当に新しいメヌエットをかかないものかと思っているのだ」とよく彼はいっていた。

終楽章は、ロンド形式。ト長調で、きわめて速い。しかしただ軽くてめまぐるしいというのではなく、一分の無駄もなく音が流れ、しかも楽想の転換が実にきびきびしているのである。おそらくハイドンの数あるすぐれた終楽章の中でも、出色のものであろう。

## 10　ハイドン『弦楽四重奏曲ヘ長調　セレナーデ』(作品三の五)

ハイドンは、交響曲の父であるとともに、弦楽四重奏の父でもある。弦楽四重奏とは、ヴァイオリン二つとヴィオラ、チェロ各一で奏される音楽である。これは皆同じ弦楽器属の楽器だから、音色の変化で人をよろこばせることはできないが、四つの大体対等の力をもったものとして、どれにも平均して重要な役を与えられるし、約五オクターヴにわたる広い音域にわたり、四つの声部を自由に操って音楽することができる。音量は管弦楽におよばないから、室内で小人数にしかきかせられぬが、それだけ趣味の高い人をよろこばせるような複雑でしかも親しみ深い音楽がかける。いわばこってりとした油濃い料理でなく、食通をよろこばす料理に当たる。それだけコックたる作曲家には、非常な力量と高い趣味が必要になるのである。

ハイドンは一七五五年から一八〇六年にかけて、八十曲以上の弦楽四重奏曲をかいた。後年のものほどよりいっそう円熟し、絶妙な筆遣いになっているのは当然であるが、初期の作品には、いわば長じて高貴な人物になるべき運命をもった幼児の品のよさと無邪気さのまじった面白さがある。ここにとった作品三の五もまさにそうした逸品である。これは彼がはじめてこの分野に筆を染めた年にかかれたものの一つだが、四個の楽器の使い方にいささかの無理もなく、響きもかなり豊かで、今いった生き生きした健康さと初々しい抒情味が漲《みなぎ》っている。

第一楽章は、元気のよいプレスト。ソナタ形式。

第二楽章は、歌謡風のアンダンテ、ハ長調。第一ヴァイオリンが爽やかな旋律を奏し、他の楽器は終始ピッツィカート（指で弦をひく）で伴奏する。ギターの伴奏でセレナードをかなでる趣がある。この曲の渾名《あだな》は、ここに由来しているのであろう。ただある楽器が常に大切な旋律を受け持ち、他は全部伴奏するのは、手法としてはもっと発展する余地があるわけで、ベートーヴェンなどになると、一つの短い旋律すら、いろいろな楽器がやりとりするくらい複雑になっている。

第三楽章は、ヘ長調に戻り、メヌエット。どの旋律も、親しみやすく軽快である。

第四楽章は、「諧謔味をもって」と指定されたソナタ形式。非常にひきしまった書法で、しかもおのずからユーモラスな味の滲み出ている音楽。

ハイドンには他に『皇帝』『鳥』『雲雀』などと渾名のつけられた名作が、多数ある。

さてここで、ハイドンの独創の最も重要な点を、簡単に解説しておく。彼の音楽的思考の基本をなしたのは、主題の動機的発展という手法である。ここで主題というのは、この曲で人生に対する絶望をかくといったような意味での思想をさすのでなく、曲の初めに提出され、以後の音楽の流れの出発点となるような、あるまとまった音の動きのことで、旋律か和声進行かリズムのうえで、何かの特徴をもっている。ハイドンの主題は、それがまたいくつかの分節からなっているか、またはそのリズムなり旋律なりをとりだして、くり返したり、ややちがった形で動かしたりできるように設定している。この独立した最小限度の単位が「動機」であり、今いったようにして活動さすことが「展開的処理」とよばれる方法である。彼はこの方法をもって、ソナタをかいた。したがって彼のソナタ形式の曲は、まず主題を示し、次にそれと何かの点で対照的であるような第二主題を出し、そのあと短いしめくくりがある（提示部）。それから両主題を加工展開させ（展開部）、その後で両主題を再び現わす（再現部）というふうにかかれている。この手法も形式も、彼が発明したわけではない。ただ彼は、この両者を有機的に結びつけ、原理的には完璧な点まで実現したような音楽をかいたのである。以後この主題の動機的発展の手法は、今日にいたるまで、西洋音楽の構成の根幹となった。

要するにハイドンは音楽の用語を整理し、文法を定め、必要にして充分な材料をもって、音楽をかいた。後世の音楽家はそれを基礎に、しだいに新しい用語や、特殊な文章法をつけ加えてきたのだといえよう。〔現在では、ローマン・ホフシュテッター作曲とされる〕

## *11* モーツァルト『ピアノ協奏曲ハ短調』（K四九一）

Wolfgang Amadeus Mozart（1756－1791）

モーツァルトは、オーストリアのザルツブルクに生まれた。父はそこの大司教の宮廷付きの音楽家だったが、早くから子供の際立った楽才を認めるや否や、その教育に一生を捧げる決心をした。ヴォルフガングは父につき添われて、フランス、ドイツ、イギリス、イタリア等の各国を巡歴しているうちに、当時欧州で行なわれていたすぐれた音楽をひとわたり吸収し、二十歳の頃には、もう一家をなすほど成熟した音楽家になっていた。二十六歳で、主人の大司教と大喧嘩のはて職を辞し、以来ヴィーンに定住して、珠玉のような傑作をかきつづけ、三十五歳で死ぬまでに、オペラ、交響曲、協奏曲、室内楽、鎮魂曲、ミサなどに六〇〇を越える作品を残した。

ここに掲げた『ピアノ協奏曲ハ短調』は、一七八六年に作曲された。彼は一七七三年から、死ぬ一七九一年にいたる間に、一台のピアノと管弦楽のための協奏曲を二十一曲かいたが、ヴィーンへ移ってから数年の間は、当代随一の人気のあるピアニストとして、ほうぼうのサロンや演奏会に、さかんに迎えられた。したがって一七八二年から八六年にかけての協奏曲は、なかでも特に脂ののりきった作風を示す。協奏曲は、管弦楽と独奏楽器が、互いに拮抗したり助け合ったりしながら、独奏楽器のもつ特殊な美しさを示し、独奏者の腕の冴えを発揮させるためにかかれるものだから、非常に派手な明るいものが多い。しかしそれだけに、音楽的内容の充実と演奏技巧の誇示との二つの要求を調和させること、独奏楽器と管弦楽との均衡を得ることが重要な問題になってくる。モーツァルトはこのころ書いたある協奏曲について、父親にあてた手紙の中で、「素人には理由がわからなくても十分面白く、玄人にも幾カ所かなるほどと感心させるようなところのあるようにかいた」といっているが、このような調和と均衡と多面性が、彼の音楽の一つの特徴であろう。

モーツァルトはハイドンとちがって、形式や手法のうえで革命的な独創を発揮するというよりは、既存のものをすべて吸収しつつ、そこに自分の影を投ずるという型の天才だったが、協奏曲で彼のとった形は、その後この分野での規範とされるようになった。

一七八六年に書かれたこの曲の第一楽章は、協奏曲の基準的な形をとっている。まず管弦楽が全奏で、ソナタ形式の第一部に当たる部分を奏し終わると、はじめてピアノが導かれてきて、小手調べといった恰好で、新しい楽想をちょっと奏し、それから両者が助け合いながら、もう一度提示部をくり返し、展開部、再現部と正規のソナタ形式の順を踏んですすむ。最後の結びの前で、ピアノが技巧をこらした音楽をひく（カデンツ）。この楽章の主題の中頃は、半音階的に下降しながら7度跳躍するという、実に印象的で細やかな感じにみちたものである。

第二楽章は、変ホ長調のロンド。ゆっくりした歌うような旋律はきわめて簡素で、大ぜいの人にとりかこまれながら、ひとり思索する彼の姿を思わせる。中間に、管弦楽だけで奏する、非常にデリケートな挿話がはさまる。彼の協奏曲の管弦楽部は、けっして単なる伴奏でないことのよい例である。

第三楽章は、ハ短調にかえり、アレグレットで主題と変奏曲という変わった形をしている。複変奏曲形式といって、管弦楽が変奏すると、ピアノがちがった変奏をするというふうに、交互に一回ずつ変奏してゆく。終わりになるにしたがって手法は大担さを加え、最後の変奏などは実に近代的な半音階的な手法によっている。

モーツァルトの協奏曲は、いつもこんなふうに三楽章でできている。そうして楽章の数とその排列、独奏と管弦楽との交替の順序などについては、彼のとった方法が、その後の協奏曲の基準となっている。

## 12　モーツァルト『ドン・ジョヴァンニ』（K五二七）

このオペラは、一七八七年の秋に作曲された。彼は、一七八六年の冬から春にかけて、オペラ『フィガロの結婚』をかいたが、それがプラハで上演されるや、大変な成功をおさめ、全市がフィガロで沸き、どんな街角でも『フィガロ』のひとくさりが歌われるというほど流行した。そこで、プラハのオペラの興行主から、新作を委嘱された。さっそく承知して、『フィガロ』の台本をかいたダ・ポンテと相談のうえ、とりあげたのが、この『ドン・ジョヴァンニ』である。ドン・ジョヴァンニとは、スペインの好色貴族ドン・ファンの、イタリア式の呼称である。

（ついでながら、モーツァルトの作品につけてあるケッヒェル何番という付号は、ケッヒェルという研究家が彼の作品を作曲年代順に並べてつけたものである。Kはその略字。）

オペラはまず序曲ではじまるが、この序曲は、ドイツ人たちのよくいうデモーニッシュな不気味さと、天命の鋼鉄の如き厳しさを思わせる二短調の部分にひきつづいて、世間の掟を頭から無視した、豪胆不敵な騎士の勇躍する姿を偲ばせるようなニ長調の部分の交錯からなっている。

幕があがると、夜。ドン・ジョヴァンニの従者のレポレロが「俺は夜っぴて立ちん坊。殿様はおたのしみ。こんな稼業はまっぴらだ」といった歌をうたっているところに、突然女の悲鳴が聞こえ、騎士長の娘のドンナ・アンナが、部屋に忍びこんだ怪漢に必死に追いすがりながら出てくる。その声に驚いて騎士長が出て来て、怪漢に斬りつけるが、かえって殺されてしまう。この決闘は管弦楽が音階を二、三度上下する間にきまってしまうのだが、劇の冒頭としてはとても効果的だし、音楽も細身の剣の如き冴えた切れ味を示す。

こんな発端から、ドン・ジョヴァンニは、結婚を目前にひかえている田舎娘のツェルリーナを誘惑しかけたり、かつて彼に誘惑されて以来、彼を恨みながらも、どうしても忘れられず、他処《よそ》の町から彼を追って来たドンナ・エルヴィラから逃げまわりながら、その侍女をおびき出そうと甘いセレナーデを歌ったり、といった活躍（?）ぶりを示す。その彼を追って、父の仇を討とうと努力するアンナと、その婚約者のドン・オッタヴィオを中心に、劇は展開される。

追っ手の急迫からやっと逃げのびて、これも這々《ほうほう》の態で逃げて来たレポレロとばったり出会ったのが、深夜の広場の一角。二人が話していると、「いま後悔しないと地獄行きだぞ」という恐ろしい声がする。あたりを見廻すと、彼が殺した騎士長の石像がある。石像がものをいったといって、すっかりおびえきってしまったレポレロをおどしつけ、ジョヴァンニが石像を晩餐に招待すると、石像は大きくうなずく。

このあたりから終わりまでの音楽は、その持続の密度といい、劇的な効果といい、大変なものである。邸へ帰って夜食をとっていると、一陣の風とともに灯が消え、石の客が重い足取りで入ってくる。石像は、もう一度改心をすすめる。風はつのり、雷がとどろく。ジョヴァンニはあくまで反抗し、「俺は恐ろしさを知らぬ男だ」といいはなった瞬間、石の客に手を取られ、その冷たさに思わずたじろぐ。その時轟然として大地は割れ、あたり一面地獄の業火が燃えさかり、その炎の中で、ドン・ジョヴァンニの姿は、地の底に呑みこまれてしまう。

さっきいったように、この終曲へかけての音楽は、実に非情の正確さと厳しさをもって、一歩一歩たたみこんでくる。どこまでいっても、まだその奥があるという感じで恐ろしい。単に、筋がそうだというばかりでなく、音楽が、それほど的確に正確にかけているからである。

曲中、レポレロがエルヴィラに向かって、主人の好色武勇伝のかずかずを披露する〈カタログの歌〉、ドン・ジョヴァンニのうたう〈シャンパンの歌〉、ツェルリーナとの二重唱〈その手をこちらに〉、ツェルリーナの〈私をぶって頂戴〉といって詫びる可憐でコケティッシュなアリア、アンナの〈復讐〉のアリア、どれも官能的であって、しかも少しも感情の曖昧さや誇張がない。簡単な音階が、生き生きと人間の色模様を描きだす。

## 13 モーツァルト『交響曲ハ長調 ジュピター』(K五五一)

これは、四十数曲ある彼の交響曲の最後をかざる作品である。一七八八年に作られたのだが、この年、彼は六月二十六日に『変ホ長調』の曲、七月二十五日に『ト短調』、八月十一日にこの曲と、つづけざまに三つの交響曲をかいている。

この頃の彼はもうヴィーンの流行児ではなく、作風が深く高くなればなるほど世間からとりのこされる傾向にあり、生活も非常に窮迫していた。この三曲の交響曲も、急場を救う演奏会のためにかかれたらしいが、その会もどうやら開かれなかった模様だ。モーツァルトは、ハイドンの定めた方式によって、交響曲をかいた。楽器の編成もほぼ同じである。ただ『変ホ長調』の交響曲では、クラリネットを用いたが、これはハイドンに先んじていて、そのために、この曲は、よほど音色の官能的な暖かさを加えている。

第一楽章はハ長調。四分の四拍子。きわめて速いアレグロ。冒頭に鳴らされる斉奏の主題は、この頃の普通の型で、勢いよくかけて上がって主音のハの音を印象づける。しかしそのすぐ次の、弦だけで微奏する付点音符つきの二小節の旋律は、もうかなり表情的で、前の力強く単純な動きと、明暗の対照をつくる。この曲全体のもつ、雄々しい肯定的な性格と、やや哀愁を帯びた女性的な性格の対比が、ここに手短かに暗示されている。こういうふうに、彼の音楽では、短い一つの楽節のなかでさえ、明るいが物問いたげだったり、健康で生き生きしているデリケートな感性をもつがゆえの哀愁の影といったふうのものが、交錯することが少なくない。しかもどこをとってみても誇張や混濁の跡が少しもない。あくまでも澄みきっているのである。

主題の提示が終わると、最初の動機を基礎に、フリュートとオーボエが音階的に下降する、新しいふしが加わる。これは主旋律に対する対位旋律だが、この簡単な音階が、あとで主題の再現を導くときに、非常な効果をあげる。以上の三動機が処理されて、ト長調の第二主題をよびだす。これも旋律というには、あまりに細やかな表情の集まりである。それが消えると突然ハ短調の強奏があり、第二主題への準備のときのような音楽があって、提示部を結ぶ旋律が出てくる。これは流暢な、ちょっとオペラにでも出てきそうな気持のいい旋律だ。

展開部は、まずこの結びの旋律を使って、つぎつぎと転調する。そうしていったんヘ長調に落ちつく。ここで、さっき述べたあの下降的音階の対位線をつかいながら、第一主題の第一動機がでてくる。これは、ちょっと再現部に入ったかのような感じを起こさせる。この手法は、擬似再現と呼ばれ、ハイドンがよく使ったものだ。それをくり返しているうちに、ハ長調に戻って、本当の再現部がくる。ここは大体提示部と同じようにかかれているが、第二主題の前の経過部分が大分ひきのばされ、短調の陰影が濃い。第二主題の初めに、ドからレへゆくまでのちょっとした半音階的上昇がある。第一ヴァイオリンが奏し、ついでチェロとコントラバスが奏する。これが巧みなふくらみをつけて演奏されると、たった三つの音なのに、とても表現的にきこえる。

第二楽章はヘ長調の歌のようなアンダンテ。同じくソナタ形式。これも美しい。ことに第一主題から第二主題に移る間で、切分法（強拍と弱拍とを不正規に扱って、リズムをぼかす手法）と、三連符が交替しながら切々たるリズムを刻むところで、低音のハと、第一ヴァイオリンの嬰ハからニに移る動きとがぶつかって、古典時代のどんな作品にもみられない、まったく未聞の緊張が表われてくる。これはその後一世紀して、ヴァーグナーにいたってやっとみられるくらい、進んだ音感に裏づけられたものである。再現部で復帰する主題の尻尾に、ヴァイオリンが漣《さざなみ》のように走りながらつながる。細かくひだのついた裳裾に譬えようか。ごく短いが何ともいえぬペーソスをもった楽想である。こういうものはモーツァルトでなければみられない。

第三楽章は、メヌエット。メヌエットの半音階的に下降する旋律。シ・ドと簡単このうえもない和声の動きと、ちょこちょこと屈折しながら下降するヴァイオリンとオーボエの奏する旋律とでできたトリオ部。しかし、トリオの後半は、大胆な躍動的なリズムを奏するバスの上で、木管と第一ヴァイオリンがたゆとう。

第四楽章も、ソナタ形式。しかしここは、対位法の粋をつくした複雑な書法をとり、ことに最後の結尾部は、それまで出た三つの主題をとって三重のフーガのようにかかれ、実に技巧の限りをつくしていて、しかも壮大な音楽になっている。といっても、その主題の一つは音階的に下降するが、その動きをつぎつぎといろいろな楽器で追いかける、カノン作法というところがある。そんなところも立派な音楽になっている。というのは、ただそうやって音階で追いかけごっこをしている癖に、その一つ一つが生き生きと歌い、表情にみちあふれているうえに、音の流れがいかにも流麗で健康なのである。そんな点に打たれたのであろうか、当時の人たちは、この交響曲に、ギリシアの神々のうちの神、ジュピターの名を冠した。

こうして、対位法的なスタイルと和声的なスタイルは、バッハについで、再びモーツァルトで美しく綜合された。モーツァルトの晩年の作風は、この点でもまったく独自なものといわなければならない。

## 14 ベートーヴェン『ピアノ・ソナタ ヘ短調 熱情』（作品五七）

Ludwig van Beethoven（1770－1827）

ベートーヴェンは、ライン河畔のボンに生まれた。祖父の代からそこの宮廷音楽家をしていたので、彼もまずその後をついだが、一七九二年、ヴィーンに移ってから以後は、一度ベルリンに旅行したほかは、一生ヴィーンを中心に生活し、オーストリア皇帝の弟に当たるルードルフ大公をはじめ、数人の貴族の後援者に助けられることはあっても、ついに公職につくことなく、自由な芸術家として一生を終えた。

ベートーヴェンは、ハイドンが確立したソナタ形式、動機の分析的処理による主題展開の手法、交響曲のための管弦楽の楽器編成といった音楽的思考の枠を、大体そのまま踏襲して仕事をした。はじめはハイドン、モーツァルトのスタイルにずいぶん近い音楽をかいたが、しだいに自己の作風を確立し、終わりには、同じソナタ形式や主題の処理法といっても、非常にちがった感銘を与えるような音楽を作った。

百数十曲にのぼる彼の作品の中核をなし、最も重要なものは、三十二曲のピアノ・ソナタ、九曲の交響曲、十六曲の弦楽四重奏曲である。ベートーヴェンは、当時有数の大ピアニストで、ヴィーンの楽壇にも初めはピアニストとして進出してきたほどであるし、その当時のピアノという楽器は今日のそれにかなり近いところまで改良されていたので、ピアノのための作曲で多くの傑作をのこした。

ここにとった『熱情ソナタ』は一八〇四年から六年にわたってかかれ、友人のブルンスヴィク伯にささげられた。この頃は彼の創作力の最も旺盛な時期にあたっていたので、大作がぞくぞく生まれている。ピアノ曲でいえば、作品五三の『ハ長調ヴァルトシュタイン・ソナタ』もほとんど同時に手をつけられ、少し早く書きあげられた。この二曲は、彼の壮年期のピアノの大作中の双壁をなすもので、『ハ長調ソナタ』の悠々せまらない雄大な展開と客観的で明確なデッサンは、『ヘ短調熱情ソナタ』の激烈で深刻な表現と、好適の対照をなしている。

『熱情ソナタ』は三楽章からなり、第一楽章は八分の十二拍子。きわめて速くかつ熱情的に奏される。この曲が『熱情ソナタ』とよばれるのは、この冒頭の表情記号のためである。まず両手がオクターヴで、ヘ短調の主和音を幅広く上下する。しかし八分の十二という複雑なリズムに巧みにのってきわめてニュアンスにとんだ動き方をするので、それだけでもずいぶん表情的である。こうした分散和音風の第一主題を提出するのはベートーヴェンの音楽の特徴で、第二主題はそれに反して歌うような旋律となっている。第一主題が終わると、第二主題への推移はまずあたかも変イ短調へ転調するかのような傾向を示すが、その後二小節にわたって連打される低音の変ホ音を跳躍台として、変イ長調の第二主題が姿を現わす。展開部は、第一主題の分散和音の上下動と、第二主題への推移部の楽想が展開された後で、ハ・ホ・ト・変ロ・変ニというへ短調の属調の和音が、実に一一小節にわたって鳴らされ、低いハ音の連打にのせられたまま第一主題が再現する。ここは、この曲のクライマックスをなし、実に「巨大で激烈な」感銘を与える。再現部の後で、長い結尾がくる。ここはそれだけでも、今までの三つの部分のおのおのと同じぐらい長い。つまりソナタ形式が、提示、展開、再現、結尾と四部形式となってきているのも、このころ以後ベートーヴェンの特徴である。

第二楽章は、変ニ長調でかかれ、アンダンテ、四分の二拍子。八小節ずつの二つの部分からなる主題と、その変奏とがある。変奏のたびに、リズムがだんだんと細かく刻まれ、全体がしだいに昂進してゆくように書けている。

第三楽章は、へ短調に戻り、あまり速すぎない四分の二拍子のソナタ形式。ここでは第一楽章の分散和音の代わりに、音階的な速い走句が中心となっている。結尾部がかなり長くて、全体として四部形式をなしているのは、第一楽章と同じ。

## 15　ベートーヴェン『交響曲第五番ハ短調』（作品六七）

この曲は一八〇五年にはじめられ、七年に完成した。初演は一八〇八年の十二月ヴィーンでベートーヴェン自身の指揮で行なわれ、彼の友人でパトロンだったロプコヴィツ公と、ラズモフスキー伯とに捧げられた。

管弦楽の編成はハイドンのそれと同じだが、終楽章になるとピッコロ、コントラファゴット各一、それにトロンボーン三本が加えられる。この曲には《運命》という渾《あだ》名《な》がついているが、それはベートーヴェンが第一楽章の冒頭の主題について、「こう運命は戸を叩く」といったと伝えられているからである。

第一楽章はハ短調、アレグロ、四分の二拍子。最初の《運命》の主題がきわめて簡単で、しかも特徴のあるリズムを刻む（この音型は前の『熱情ソナタ』でも、主題の重要な一部をなしていた）。このリズムは全曲を通じて活躍する。ことに第一楽章はほとんどこれによって支配されているといってもいいくらいで、こんな小さいものから五〇二小節にわたる全楽章が作られているのは、ベートーヴェンという音楽家の絶大な建築的な構成力の圧倒的な証拠である。この楽章でも結尾が長く、四部形式になっている。

第二楽章は変イ長調、アンダンテ。これもやはり主題と変奏曲で、ここでもソナタ同様大きくいって変奏のつどリズムが細かくなる傾向がある。八分の三拍子だが行進曲のような印象を与える。

第三楽章は再び第一楽章の緊迫した気分に戻り、四分の三拍子のアレグロ。スタイルはスケルツォである。これは諧謔曲という字義だが、ベートーヴェンは、ハイドンやモーツァルトのメヌエットの代わりに好んでこれを使った。スケルツォでは速度も速く、楽想の展開も烈しく、表現は峻烈だ。ここでも、運命の主題のリズムが支配的である。スケルツォが終わると、ティンパニだけが残り、ことことリズムを刻む中を、ヴィオラ、チェロ、コントラバスが変イの音を弱奏で、十数小節にわたり、ひっぱってひく。何か暗いトンネルの中にほうりこまれたような、不気味な感じを受ける。そのうちハの音をひきつづけていた第一ヴァイオリンが、旋律の断片のようなものをくり返しひきながら、しだいに高まってゆく。そうして低音は、いつかハ調の属音のトに移る。

やがて、ハ短調の暗さは薄皮をはぐように失われていって、管弦楽の全奏とともに、明るいハ長調の主和音が輝き出たかと思うと、終楽章のアレグロの壮大な主題が力強くなりひびく。この間約五〇小節の流れの力強さは非常なもので、音楽的昂奮のエッセンスというべきものだろう。終楽章は、以下歓喜の歌を力づよく奏しつづける。結尾はここでも非常に長い。そうして手を拍《う》ち足の踏み場を知らぬといった非常な昂奮のうちに曲は終わる。一度きいたら絶対に忘れられぬ感銘を残す。この交響曲は、四つの楽章の排列といい、各楽章の書法といい、およそ交響曲的音楽の最高の典型である。「苦悩を貫いて歓喜へ」というベートーヴェンの言葉が、これほど完璧に実現されたことはなかろう。感銘の強烈と構成の緊密が、こんなに見事な釣合をもっている曲は、音楽史を通じてみてもほかにまず見当たらないくらいで、西欧音楽の精華といえよう。

## 16　ベートーヴェン『交響曲第九番ニ短調』（作品一二五）

ベートーヴェンは一生に交響曲を九曲しかかいていない。これはハイドンの百八十曲、モーツァルトの四十数曲に比べて、驚くほど少ない。交響曲ばかりでなく、彼の全作品は、それまでの音楽家の制作にくらべて、問題にならぬくらい少ない。これはなぜだろうか。彼の作品を調べてみると、ベートーヴェンは、同じような作曲をいくつもかくということがなく、いつも何か前とは変わったスタイルなり楽想なりによって、作曲している。それだけに、ある型の曲をかくときには、徹底的に表現し抜くまで手をはなさない。しかも彼の曲は、年とともに大規模になり複雑味を帯びてゆく傾向があった。つまり彼は、創作生活をつづければつづけるほどいうことが多くなるか、または細かく丁寧にかく必要がでてきたのであろう。その結果、音楽をかくことはいっそうむずかしいものになってきた。この傾向は、彼の後の時代にも影響している。そうして後代の大作家たちには、もうバッハやモーツァルトのように、おびただしい作品を生み出すものはみられなくなった。

さて、『第九交響曲』は、その彼にしても、特に長くかかった曲である。終楽章にみられる、シラーの「歓喜によす」の頌歌に音楽をつけることは、青年時代から考えていたが、それは別としても、草案をかき出したのが一八一七年、完成したのが一八二三年であるから、仕上げだけでも六年かかっている。その間に最後期のピアノ・ソナタ群や、『ミサ・ソレムニス』をかいてはいるが。

この交響曲の初演は、一八二四年五月七日ヴィーンのケルントナーテアーターで行なわれた。指揮は作者自身が当たったが、曲が終わって、聴衆がさかんに拍手しているのに、彼は背をむけたなり知らん顔をしているので、側の人がふりむけてやった。面白くはためいている聴衆の手の波をみて、やっとベートーヴェンが会釈したので、聴衆たちは、この偉大な音楽をかいた人が、まったくつんぼになっていたことをはじめて知ったといわれる。こんなふうに全然耳がきこえなかったのも、彼の晩年特に寡作になった原因の一つかもしれない。『第九』にも、なぜそうしたか分からないような、楽器の扱いがあるそうである。だがそれはきわめて専門的な問題だから、ここでは深入りすまい。そんなことよりもこの曲が、何百万という人びとに大きな希望と勇気の喜びを吹きこんできた、不朽の傑作だという事実のほうが大切なのだ。

ベートーヴェンは、「私の音楽を本当に理解したものは、地上の悲惨と困苦に負けなくなるだろう」といったと伝えられる。

第一楽章は、ニ短調、四分の二拍子。「速すぎないアレグロ、やや荘厳に」。リルケが『マルテの手記』の中で、「この孤独な音楽家の上に、静かな空からきらきらと精気が舞い落ちる」といったのは、ここの冒頭をさしたのであろうか。第二ヴァイオリンとチェロが、静かに張った網の上に、微かな音が舞い落ちる。ヴァイオリンからヴィオラとコントラバスという具合に。3度の音が抜けているので、長調か短調か分からない。寂寞たる荒野にひとり立つ如く心もとない。やがて、全奏で壮大なニ短調の第一主題が落下する。これも分散和音だが、尻についたはね返るような動きが、のち展開部で重要な役をする。例によって長いコーダ（結尾）で、半音階的に上下する低音の動きが神秘的な印象を残す。ヴァーグナーは、この楽章を、ファウストの深い懐疑にたぐえている。

第二楽章は、やはりニ短調のスケルツォ。叩きつけるような出初め。本当の主題は、フガート風に提示される。このスケルツォは、ソナタ形式でかいてある。トリオはニ長調。ファゴットの対位旋律が、ユーモラスである。オーボエとクラリネットの奏する主題のなだらかさが、スケルツォの荒々しさと明確な対照をなしている。

第三楽章は、変ロ長調の清純で荘厳な宗教的な主題とニ長調の中庸の速さの主題とが並置され、交替に変奏される。第一主題を天上の愛、第二主題を地上の愛に比べた人がある。地上の愛といっても官能と肉欲のそれでなくて、親しみぶかい夢見心地に誘われる趣から連想されたのであろう。この楽章はかなり長い。晩年のベートーヴェンは、こんなふうの法悦三昧といったはてしなくつづく緩徐楽章を好んでかいた。終わりに近く、現実への復帰を促すかのように、金管が鳴らされる。あまり間を置かずに終楽章がはじまる。猛烈な軍楽の響きと、低音の弦とが交互に奏される。弦は何か呟《つぶや》くような朗詠調である。その朗詠調をはさんで、今までの三つの楽章の冒頭が順々に引用されて出てくるが、手稿には一々の以上三つの引用のうえに「もっと気持のよいものを」、「これもより良くはない。もっと晴れやかなものを」、「あんまりやさしすぎる。もっと元気なものを」とかきこんであったといわれる。そのうえ、こうして先立つ三つの楽章を否定した後で、「歓喜」の主題が現われると、その上に「そうだ！ついに見つかった！」とかきこんであったそうである。このついに見出された主題は、つぎつぎと楽器から楽器に渡され、響きの幅がましてくる。それが一段落すると、また冒頭の軍楽の楽節。今度は猛烈な不協和音で全奏される。そうしてついにバリトンの独唱者が「おお、友よ、この音でなくてもっと快いよろこばしいものを響かせよう」と高らかに歌い、「歓喜！」と叫ぶと、合唱が「歓喜！」と応ずる。「天かける太陽によす」英雄的な讃歌、「頭上にいます神への畏敬」をうたう荘厳な帰依の姿、いずれも宇宙的な叙事詩の雄渾にして充実しきった世界というべきだろう。そうしてこの交響曲は、幾百万の人びとに喜びを頒《わか》ち与えながら、クライマックスにかけ上ってゆく。

## 17　ベートーヴェン『弦楽四重奏曲第一六番ヘ長調』（作品一三五）

ベートーヴェンについてすぐれた評伝を書いたパウル・ベッカーによると、ベートーヴェンの作風の進展をみると、何か大きな転換点にまずピアノ・ソナタがとりあげられ、次にまったく安定した基礎のうえに、交響曲の雄大な記念碑が立てられ、弦楽四重奏はその様式に最後の磨きがかけられると共に、徐々に次の時期への問題を孕むような音の扱いが暗示されるというふうな経過を辿っているということになる。

事実、ベートーヴェンは、普通三つの大きな様式上の変化を示すといわれているが、まず一八〇〇年に作品一八の六曲の弦楽四重奏をかき、一八〇六年、例の「傑作の森」の壮観のなかで作品五九の三曲をかき、最後に最も晩年に属する一八二四年から二六年にかけて五曲の弦楽四重奏曲をかいた。この最後期の四重奏曲はロシアのガリチン公の依頼によってかかれたもので、一八一六年から二二年にかけての五曲のピアノ・ソナタとともに、晩年のベートーヴェンの作風を示すものであると同時に、かつてかかれた最も深遠難解な音楽とされている。しかしここにとった作品一三五の四重奏曲は、五曲の中では一番遅れて一八二六年に生まれ、他の兄弟たちに比べて楽章の数も、調性の排列も正規だし、書法も一段と客観的で、造型的になっている。とはいえ楽器の扱いなどは、昔の曲よりもずっと微妙で複雑だ。それでいてスタイルは透明で、人間臭くないくらいなだらかなのはどうしたわけであろうか。

第一楽章の第一主題は、細かな動機の集合が、非常に細かく各楽器に分けられている。ソナタ形式だが、構成の跡よりは、楽想の自然な成長といいたいくらい滑らかに展開する。

第二楽章は、ヴィヴァーチェのスケルツォ。これもよく流れている音楽で、ミ・レ・ド・レ・ミとわずか三つの音を上下するだけの主題だが、切分法の効果といい低音の歩みといい、微妙の極に立つ。砂をまいて走るといった趣のトリオ部の驀進力も素晴らしい。普通のスケルツォとちがい、トリオのほうが活潑に動く。それでも奇妙に重圧感がなく気体の流れをみるようだ。

「きわめておそく、歌うように、だが静かに」と指定された第三楽章は、また一段と立派な音楽だ。変ニ長調で、今度はド・シ・ラ・ソ・ラ・シ・ド・レ・ミ・レと六つの音を音階的に上下するだけにはじまる主題と、三つの変奏からなる。このしずかな歌のしみ入るような感動は、喜びともかなしみともおよびようがない。祈りだろうか。

第四楽章は、「辛うじてなされた決心」と題され、それぞれのはじまりに「こうなくてはならぬか？」と、「こうなくてはならぬ」と記された、二つのモットーのような「動機」がかきこまれている。これが何を意味するのか、いろいろと論議されてきた。音楽はまず「荘重に、だがあまりだらだらせぬように」と指定された序奏ではじまるへ短調で、あの「疑問」の尻上がりの動機が、チェロで奏される。他の楽器は、それを避けるように動くが、疑問が執拗にくり返されると、悲鳴を上げるかのように疳《かん》高い不協和音を奏する。それがしだいにしずまると、力強い肯定のモットーがヘ長調で現われ、主要部がはじまる。再現部の前でもう一度疑問の動機が、今度はチェロとヴィオラで迫るが、二つのヴァイオリンも譲らず対立する。肯定の動機は、やや形をかえて再現される。結びはまず肯定の動機を三度くり返してから、全楽器がピッツィカートでかろやかに入り、しだいに普通のレガート奏法に戻りながらさっと一呼吸で仕上げられている。まとまった作品としては、これがベートーヴェンの最後の作品となった。

ベートーヴェンは、一八二七年三月二十六日に死んだ。折からさかんに春雷が鳴り響いていたが、それまで昏々として眠っていた彼は、突然目をかっと開き、上半身を起こして両手の拳をぐんとつき出したかと思うと、パッと倒れてついに息を引きとったという。つくりばなししか知らないが、いかにもベートーヴェンらしい。

## *18* ヴェーバー『魔弾の射手』

Carl Maria Friedrich Ernst von Weber（1786−1826）

ヴェーバーの父は軍人上がりの貴族でありながら、半生を旅興行の劇団の座頭《ざがしら》などをして漂泊のうちに送った人である。したがってカルル・マリアも、幼い時から人生の辛酸とともに芝居というものをとことんまで知りつくした。そうして彼の一生も、ほとんど漂泊の連続だった。そんなわけだから、もちろん音楽教育も完全ではなかった。ただ彼には鋭敏な芸術的センスと、因襲をきらい自然と自由を愛する心と、人生に対する広い眼識があった。それまで多くは特殊な芸能人のものだった音楽の世界の中に、こういう音楽家が出現したというのはやはり新しいことで、シューマン、ヴァーグナー等はある意味ではその後継者といえる。そんなわけで彼らの音楽は、いろいろな点で既成のものとちがってこないわけにゆかなかったのである。

ヴェーバーには多くのピアノ曲や室内楽もあり、ことに『ピアノ小協奏曲』や『舞踏への招待』は今でも愛好されているが、彼の作品の中心は何といってもオペラであろう。

ヴェーバーは、一八一三年プラハのオペラ劇場の指揮者になったが、ついでドレースデンのドイツ・オペラ劇場に代わった時、友人で詩人のキントという人と相談のうえ、彼の作った台本によって作曲したのが、このオペラである。

オペラの筋は、純真な娘アガーテと相愛の猟師マックスという若者が、森の悪魔の助けを得て百発百中の魔法の弾を手に入れ、アガーテとの結婚をかけた晴れの射撃祭に出場して、悪者のカスパーと技を競うことになる。カスパーは悪魔と謀って、その魔弾でアガーテを殺そうとするが、森の隠者の計らいで、かえって自分がその弾に当たって死に、相愛の二人はめでたく結婚するといったふうなものだ。この主題は、それだけでもオペラに珍しく緊密な劇的構成をもっているが、そのうえにドイツ人たちに特に親しい、深い森の神秘な怪奇さがあるし、ヴェーバーは、猟師や村の乙女たちの合唱に、民謡をふんだんにとり入れて生き生きした地方色を盛り、ドイツ人たちの心を一挙につかんだので、この曲は一八二一年のベルリン初演の時から即座に熱狂的な興奮をかちえた。そのうえヴェーバーは、管弦楽の色彩的な扱いに特筆すべき天才をもっていた。それはこの曲の序曲をきいただけでもよく分かるのだが、短い間に巧みな気分の交替と統一があり、各楽器も固有の音色をもって、かつてきかれたためしのないファンタスティックな味わいが存分に発揮されるようにかけていたので、それまでのどんな音楽ともちがうやり方できく人の心を魅惑する。

ヴェーバーは『魔弾の射手』の大成功によって、一躍、時代の寵児となったが、ついで作曲したオペラ『オイリュアンテ』は評判がよくなく、さらにロンドンから招かれたのを機会に、相当悪化していた肺結核の身をおして渡英、シェイクスピアの劇に取材してオペラ『オベロン』をかいたけれども、これも失敗。失望の極、四十そこそこの身で、空しく異郷に骨を埋めることになった。

後年ヴァーグナーがヴェーバーの中にドイツ・オペラの真の創始者たる天才を認め、彼の骨を、故国に持ち帰って埋葬した話は美しい。

## *19* ロッシーニ『セビーリャの理髪師』

Gioachino Antonio Rossini（1792–1868）

ロッシーニは、幼い時からすぐれた楽才を表わし、ボローニャの音楽院にも入ったが、ある日先生から、「これまで勉強したものでオペラなどの自由なスタイルの音楽なら十分にかけるが、厳格な宗教音楽はまだかけぬ」といわれると、「オペラがかけるならもう結構です」といって、学校をとび出してしまったという話が伝わっている。非常に実際的な聡明さをもつとともに、音楽で表現したいことが山のようにある生き生きした青年の面目躍如とした話だ。事実彼は、一八一二年、二十歳になるやならずでオペラをかいて成功し、数年のうちに、オペラ作家なら雲のようにいた当時のイタリア音楽界で、断然群を抜く少壮の天才として、ボローニャ、ヴェネツィア、ミラノ、ローマ、ナポリ各地のオペラ劇場をつぎつぎと征服し、ついにはイギリスにもフランスにも招かれた。ヴィーンではベートーヴェンさえ、彼のためにひところ公衆から忘れられたのは、有名な話である。しかしマイヤベーアがパリに現われ、『ユグノー教徒』で成功をおさめたのを見るや、断然オペラ作曲を断念し、それまでにためこんだ莫大な財産を擁してパリで悠悠閑居の日を楽しんだ。作品は四十以上のオペラのほか、多数のカンタータやミサがあり、隠退後は折にふれ小品をものしたほかに、『スターバト・マーテル』(悲嘆のマリアを歌う教会音楽)などの逸品を残した。

ロッシーニは、オペラ・ブッファの最後の巨匠だった。オペラ・ブッファというのは、オペラ・セリア(真面目なオペラ)に対し滑稽なオペラという字義だが、要するに能に対する狂言のようなもので、軽快で皮肉で現実味にとんだオペラである。モーツァルトの『フィガロ』も大体これに属するが、まずイタリアに起こりここで一番栄えた。ロッシーニの前に、同じくボーマルシェのドラマによって『セビーリャの理髪師』をかいたパイジェッロなども、この道の大先輩である。しかしロッシーニが、イタリアばかりか全欧を一時に席捲したのは、一つは彼の管弦楽法の巧妙さによるのであって、この点では半世紀以上もおくれていたイタリアにあって、彼はハイドン、モーツァルトの作品を徹底的に勉強することにより、イタリア人特有の人声による旋律発明の才に加えて、器楽の扱いでも当時の水準を抜いていたことも見落とせない。特に管弦楽を駆使して「漸強《クレッシエンド》」の効果を作ることは、彼の得意中の得意であって、その潑剌さは本当にめざましい。こうしてかつて一世を風靡した彼のオペラがつぎつぎと忘れられた二十世紀になっても、『ウィリアム・テル』『泥棒かささぎ』『セミラーミデ』など演奏会でその序曲だけがとり出され演奏されることが多いのも、もっぱらこの管弦楽法の潑剌さによる。

ここにとった『セビーリャの理髪師』は、今日でもよく上演される彼の傑作で、一八一五年、彼が二十三歳の時の作である。これはボーマルシェの『フィガロ』三部作の第一部にあたる。台本はステルビーニがかき、初めの外題は『アルマヴィーヴァ、または空しき要心』とつけ、その年の十二月、ローマで初演されたが、先にいったパイジェッロの、もっと単純で抒情的な音楽に親しんでいたローマ人には、初めは好まれなかった。しかし、度を重ねるにしたがって成功し、今ではロッシーニだけでなく、オペラ・ブッファそのものがこれで代表されるくらいになった。劇の筋は大体、色と欲の二またをかけた後見人バルトロの厳重な監視の下にいる可憐なロジーナに近づき、相愛の仲になったアルマヴィーヴァ伯爵が、床屋のフィガロの入れ知恵に助けられて、音楽の教師に化けたり、士官に扮したりしたあげく、ついに後見人の鼻を明かせてロジーナと結婚に成功するといったものだ。序曲はやはりこれだけでしばしば奏されるが、得意の「漸強」作法を利用しつつ軽快な旋律をつづった、調子のよいリズミックなものである。歌の中では、ロジーナの「仄かな歌声心にひびき云々」のアリアが、特に有名である。ところでこの序曲は、実は『エリザベッタ』という別のオペラのそれをもってきたのだという。そのほかにもいろいろとかき集めたものがあるらしい。自作だけでなく、ロッシーニは剽竊《ひょうせつ》の常習犯で、ベートーヴェンの『第八交響曲』のアレグレットの旋律さえ失敬したそうである。この頃のイタリアのオペラ作家たちは、一作ごとに細かい神経を使わず書きとばしたし、聴衆も一つでも二つでも気に入ったふしがあれば満足したのかもしれぬ。ロッシーニは、このオペラを十三日間でかいた。後年ドニゼッティという、これまたロッシーニにまさるとも劣らぬ速筆のイタリア人で、やたらとたくさんオペラを書いた作曲家がそれをきいて、「そうだろう、彼はそれくらい怠け者なのだ」といったといわれる。上には上があるものだ。

## *20* シューベルト『冬の旅』（作品八九）

Franz Peter Schubert（1797－1828）

シューベルトは、ヴィーンの小学校長の十四人の子の十二番目に生まれた。幼い時からすぐれた楽才があったが、教会付属の施設で学んだあとは正規の音楽教育を十分にうけなかった。そしてヴィーンで小市民的なボヘミアン生活を送り、少数の友人のほかにはたいして認められもせず、短い一生を終えた。彼の代表的な作品は、もちろん六百にあまる歌曲だが、ほかにも室内楽（弦楽四重奏、同五重奏、ピアノ三重奏、ピアノ・ソナタ等）や交響曲（八曲）、ミサ等の領域にも、すぐれた作品をのこした。オペラもいくつかあるが失敗作とされ、協奏曲は一つもない。

われわれは歌曲といえば、まずシューベルトを思う。西洋の音楽の歴史では、声楽の曲はまず教会の音楽とオペラとがあり、その傍《かたわ》らでいつも民謡が歌われていた。そしてシューベルト以前にも、ピアノの伴奏をもった芸術的な歌曲はないわけではなく、モーツァルトもハイドンも幾曲かかいたし、ベートーヴェンの『遥かなる恋人によす』という六曲からなる連作歌曲集は、きわめてすぐれた作品である。しかし、ハイドンが、それ以前に交響曲をかいた人があるにもかかわらず、この分野の本質的な性格の基礎を定め、そのうえで芸術的に完璧な作品をかいたという意味で「交響曲の父」とよばれるように、シューベルトもまさに「歌曲の創始者」とよばれて差支えないような仕事をしたのだった。

ここにあげた『冬の旅』は、ヴィルヘルム・ミュラーという詩人の連詩集から、二十四篇を選んで作曲し、歌曲集にまとめたもので、一八二七年、シューベルトの死ぬ一年前に作られた。全篇を通じて、何かの筋を追ってゆくというのではなく、失恋の痛手に打ちのめされて世の中を迷い歩く男の深く暗い嘆きの種々相がくりひろげられている。なかでも〈おやすみ〉〈菩提樹〉〈あふれる涙〉〈春の夢〉〈郵便馬車〉〈からす〉〈村にて〉〈道しるべ〉〈勇気〉〈辻音楽師〉などは、わが国でも大変有名である。ことに〈菩提樹〉は、およそ歌をうたう人なら知らないものはないくらいだ。前奏や後奏の、梢のさやぎを写した三連符の細かなおののき、すこしも乱れないで詩と音楽の高貴な格調を守りながら、歌うものにもきくものにも、胸のうちに深い反響をよび起しながら遥かな思い出につらなってゆくあの旋律は、古今の絶唱といえるだろう。曲の中ほどで、今まで長調で歌われていたふしが、同じ形のままで短調に変わる。「今宵夜ふけてそのほとりをすぎれば風は吹きまくり、砂が顔に真正面からぶつかるが、私は顔もそむけず立ちつくす……」ピアノ伴奏は荒涼たる風を写し、大きくゆれ動く枝のさまをうたう。間もなく曲は再び遥かな思い出を歌い、「今は遠く離れたところに住むが、いまだに枝のさやぎは忘れられぬ。友よ、ここに来て憩えと誘うかのような、あの声が忘れられぬ」と、冒頭と同じ旋律が帰ってくる。伴奏はさきほどの中間部の三連符の動揺をなお残し、妖しくおののく胸の鼓動をそのまま伝える。この旋律は、あたかも音楽そのもののふるさとであるかのように、きくものの魂を魅惑せずにおかない。

　楽式は、ＡＢＡの三部形式だが、中間部もただ短調になっただけで、同じ下降する旋律をとっている。ただ伴奏が、そのたびにいちいち細かなニュアンスをもって変化する。シューベルトの歌曲の特徴は、このように、テキストを全体的に捉えてそれを明確な旋律に造型している点、ピアノの伴奏が驚くほど多種多様で、ほとんどの曲も、伴奏を思いだせば、一篇の詩情がおのずから湧き上がって旋律が思い浮かぶくらい個性をもっていることなどにあろう。そのほか転調の新鮮さも見逃すことのできない事実で、シューベルトのそれは、和音にいちいちはっきりした色でも感じていたのではないかと思われるほど、細かな明暗をもって変化してゆく。

　シューベルトには、ほかに同じ詩人による『美しい水車屋の娘』とか、遺作をまとめた『白鳥の歌』などの連作歌曲集がある。また、こうしてまとめられたものでない個々の歌曲の中にも、不滅の名作が少なくない。

## 21　シューベルト『交響曲第八番ロ短調　未完成』

あまりに有名な曲で、いまさら何をいうまでもないように思うが、ともかく一応あげておく。シューベルトのかきのこした交響曲は全部で八曲分かっており、ほかにもう一曲あったはずだという人（有名な大音楽辞典の編者グローヴ）もあるが、現在までのところその楽譜はどこにあるのかどうしてもわからない。一体に、シューベルトは当時は一部の友人を除き素人の音楽家とみられていたらしく、そのうえ彼自身もきわめて野心のない、呑気な、そうしてはにかみ屋だった（といわれている）ので、作品はときどきの自分や仲間が演奏する必要からかいたほかは、まったく自分でどうしてもかかずにいられないからかき上げていったのであり、いったんかいてしまうともうそれを忘れて、また次の曲をかくという有様だった。だから、かいても演奏されなかったものはたくさんあるし、かき出しはしたものの中途で止めてしまったものも少なくない。そんなわけで、彼が成年時に達してからかいた交響曲は、大体どれも生前に演奏されなかったらしい。もちろん印刷もされなかった。彼の交響曲中の最も大作である『ハ長調の交響曲』は、シューベルトを熱心に学び尊敬していたローベルト・シューマンが、一八三八年にヴィーンに行って、彼の兄を訪れた折、山のように積まれていた遺作の楽譜の中から発見したものだし、ここにとった『ロ短調の交響曲』も同様、ヴィーンの指揮者ヘルベックがシューベルトの友人のところで発見した手稿によって一八六五年初演して以来、広く知られるようになったのである。草稿には、一八二二年十月三十日という日付がかいてあった。おそらく作曲に着手したものであろうという。

この曲は、周知のように、第一楽章（ロ短調、アレグロ、四分の三拍子、ソナタ形式）と、第二楽章（ホ長調、アンダンテ・コン・モート、八分の三拍子。ソナタ形式）の二楽章しかなく、第三楽章はスケッチが残っているだけである。今日実演されるのは第一、第二楽章だけだが、二つとも三拍子で、形式も同じソナタ形式ということになる。それにもし第三楽章をかき上げていたとすれば、これも三拍子のスケルツォだから、初めの三楽章が、すべて同じ系統の拍子でかかれるわけだ。交響曲というのは、とくにベートーヴェン以後の十九世紀の作曲家にとっては、形式的にも構成的にも、慎重に考えをねってかくべき重要な種類の音楽と見なされており、後にみるようにブラームスなど、そのために十数年を費やしたくらいだが、シューベルトは、その点、きわめて淡泊に考えていたのではないかということが、以上のようなことから推測されるのである。ソナタにしても弦楽四重奏にしても、そうだ。形式的内容的に、それぞれの音楽のジャンルがどんなスタイルと書法を必要とするか、シューベルトはごく晩年になるまで、あまり気にしなかったらしい。だから、駄作がかなり出た。しかし、一面、他の音楽家の練りに練ってかいたのとはちがう天稟の発露として、かけがえのない美しさを蔵した曲も——というより、断片的だがどこかしら、そうした美しさや良さをもった曲も、たくさんかいた。この交響曲の良さはそこにある。それはまず何といっても旋律の美しさに見出され、チェロで奏される第一楽章の第二主題などは簡単なものでありながらも、彼以外の誰にもかかれなかったものだ（ある人は、この旋律を「涙の中の笑い」とよんでいる）。また彼は、木管楽器の扱い方のうえで、当時としてはきわめて斬新な手法をみせているし、転調その他の和声法でも、頭で考えたのではとても思いおよばないような新しい組合わせを発見している。

ついでに、シューベルトの室内楽について一言しておけば、『鱒』の名で知られたピアノと弦楽のための五重奏や、『死と少女』の歌曲の旋律をもったニ短調の弦楽四重奏などが有名だが、そのほかに特にヴァイオリン二、ヴィオラ一、チェロ二個のためのハ長調の『弦楽五重奏曲』は、非常な傑作で、僕などは、彼の器楽中最高の名作だと信じている。ことに、第一、第二楽章がいい（この交響曲は年代的に『冬の旅』に先立っているが、説明の都合で順序を逆にした）。

## *22* ベルリオーズ『幻想交響曲ハ長調』(作品一四)

Louis Hector Berlioz (1803－1869)

フランス・ロマン主義音楽の先駆者であるベルリオーズは、田舎医者の子に生まれ、パリの医学校に入学したが、どうしても音楽家になりたくてたまらず、ついにパリの音楽院に入った。彼は、グルックとその頃やっとパリに紹介され出したベートーヴェンの音楽を、熱愛し研究した。それは彼が、この二人の音楽の烈しい情熱を湧き起こすか、またその情熱を描きだす力に対して、非常な感動と共感を抱いたからであろう。その結果、彼の完成したものは、交響的標題音楽という、ベートーヴェンの意図したものとはかなりちがった独創的な芸術だった。標題楽とは、一定の対象を描き出したり物語ったりする音楽のことだが、ベルリオーズのそれは、まず言葉のない劇的な音楽といえよう。この頃のフランスでは、何よりもオペラが尊重され、器楽といえば、冷たい形式的な音楽と考えられていたから、その中でわざわざ器楽によって、熱情的で劇的な音楽を描こうというベルリオーズの意図は、奇異な逆説的な考えと思われたのも当然であろう。ベルリオーズには、『トロイ人』『ファウストの劫罰』『ベンヴェヌート・チェリーニ』『キリストの幼時』『ロメオとジュリエット』『イタリアのハロルド』など巨大な作品が多い。そうした作品は、みな絶妙な美しさを湛えた個所をもっているが、全体としては異様な混合物で、かなり出来不出来がある。その中で、一番全体としてよくできている『幻想交響曲』は、一八三〇年に初演された。一八三〇年といえば、ユゴーの劇『エルナニ』の初演を機会に、フランスのロマン派の文学が華々しい第一声をあげた、記念すべき年である。ベルリオーズも、それと軌を一つにすることを音楽でやり、音楽上のユゴーといわれた。

ベルリオーズは、『幻想交響曲』に「ある芸術家の生涯の一挿話」と副題し、各楽章に詳しい解説をかいた。かいつまんでいうと、ある烈しい熱愛に身をやく若者が、失恋して服毒自殺する。ところが薬の量が足りなくて死にきれず、さまざまの悪夢に悩まされるというのである。

第一楽章は、「夢想―情熱」と題され、ハ短調の和音にはじまる序奏につづいて、アレグロの主要部のくるソナタ形式。フリュートとヴァイオリンの奏する第一主題は、青年の愛する女性を描いたやさしい旋律で、作者はこれを「固定観念」とよび、全曲を通じて出現させる。烈しくうずまく情熱とやさしくもの憂い夢想とが全楽章を通じて交錯する。

第二楽章は、「舞踏会」。イ長調の速すぎないアレグロのワルツ。ハープが二台加わって、優雅な舞踏会の情趣をつたえ、ヴァイオリンがうすぎぬの漂うような優婉な旋律を奏する。曲の中途であの「恋人」の旋律が姿を現わす。しかし踊りはますます高潮し、雑沓の中にその姿は呑まれてしまう。この楽章は、全曲を通じ最も美しく最も素直にきけるものだろう。

第三楽章は、「田園の情景」。青年は都会を離れ、田園をさまよう。イングリッシュホルンとオーボエが呼び交す。遠くはなれた牧人が愛を囁き合っているのだ。しかし青年の胸の不吉な予感を暗示するかのように、弦のかすかなトレモロが執拗につづく。やがてへ長調で奏される主題も、あの有名なベルリオーズの肖像そのもののように物淋しげだ。しばらくしてまた牧人の笛がなる。しかし今度は答えがさっぱりきこえてこない。もう一度。やはり沈黙。たそがれてゆく地平線の彼方で、遠く雷が鳴る。ベルリオーズは、何度もこの楽章に手を入れたが、ついに満足しなかったといわれる。

それに比べ、次（第四楽章）の「処刑場への行進」は、一日でかき上げた。ついに恋人を殺した青年は、重い車にのせられて処刑場へひかれる。といってもここは全然しめっぽくない、実にさばさばした筆致でかかれている。ぞろぞろついて来て悪罵を浴びせる群集。鋪石の上の重い車の響き。断頭台に立った青年の瞼に、一瞬恋人の姿がうかぶ。とたんにがっという弦楽の強奏。ころがり落ちる首。野次馬たちの残忍な歓呼の声。大革命の血腥《ちなまぐさ》い経験をへたフランス人らしい熱情と、描写的な芸術の伝統とが奇妙にまざりあっている。ドイツ人なら、処刑される青年の内心の苦悶をかいたろうに、ベルリオーズはやはりフランス人で、もっと外面的な描写をしている。

次はハイドンの伝統をやぶって、交響曲史上はじめて作られた第五楽章（すでに第四楽章があるなら、どうして第五楽章があって悪かろう？）。ここは妖怪変化どもの「饗宴の場」。恋人も醜い魔女になって掃木《ほうき》にまたがって飛んでくる。管弦楽の編成も曲中で最大限に達し、管は大体どれも四管、大太鼓までかり出される。ベルリオーズの最大の武器は、管弦楽の描写的叙述的な能力に関して、透徹した直観力と知識をもっていた点で、彼は楽器の、今まで誰も知らなかったような特殊な表現力をつかみだし、その組合わせから生まれる効果に驚くほど通暁していた。

## 23　グリンカ『ルスランとリュドミーラ』

Mikhail Ivanovich Glinka（1804－1857）

グリンカは、ロシアのスモレンスク県の大地主の子として生まれた。体質は虚弱で神経質だったが、音楽に対して異常に鋭い感覚をもっていた。当時のロシアの上流社会の子弟の常で、高い教養を与えられて官途につきもしたが、病気保養のためイタリアに遊び、南欧の甘美な音楽に親しんでいるうち、突然、祖国語でオペラをかくのが自分の天職だと気づいた。それからベルリンでドイツ流の音楽教育を受け、ロシアに帰り、プーシキンらの詩人と交際しながら、ついにロシアの国民的オペラの作曲に成功した。第一作『イヴァン・スサニン』（皇帝に捧げし生命）は民謡をさかんにとり入れてあったので、それまでイタリア・オペラの伝統にのみ慣れていた人から「馭者のオペラ」だと非難された。ついで作曲した『ルスランとリュドミーラ』も同じく失敗したので、さすがの彼も失意のまま祖国をさり、フランスやスペインに遊んだが、再び祖国へ帰ると管弦楽曲『ホタ・アラゴネーサ』『マドリードの夜』『カマリンスカヤ』等をかいた。

グリンカは、十九世紀に勃興してきた民族音楽のなかでも、一番豊かで力強い勢力となった近代ロシア音楽の始祖といわれる。事実、彼の音楽のなかには、ロシア民族の特徴である色彩的な管弦楽法、民謡の巧妙な利用、奔放で逞しいリズム、写実的な標題楽的な傾向等がすでに立派な花をさかせている。彼の最大の傑作はここにとったオペラ『ルスランとリュドミーラ』で、これは一八三六年からとりかかり、一八四二年はじめて上演された。筋はプーシキンの同名の長編叙事詩に取材したもので、キエフの大守の娘リュドミーラが結婚式の席上何ものかに奪われてしまう。花婿の勇士ルスランはその行方を求めてさまざまの冒険をするが、ついに善良な魔法使いの助けで愛人をとりかえし、めでたく結婚するという話である。こんなふうにお伽話めいたもので、恐ろしく髯の長い小人、その兄弟で巨大な首だけの化物、年とった魔女に恋した末それと知るや善良な魔法使いになってしまう人物など、いかにもロシアらしい幻想にみちている。グリンカはその中の挿話にしたがって、ペルシアの旋律による合唱とか、トルコの舞曲とか、ダッタンの歌とかも豊富にとり入れた。しかし全体としては、なおフランスやイタリアのオペラの跡をとどめているし、ドイツの手堅い和声法に従うなど、それまでの西欧音楽の伝統をもとにして、そこに民族色をもりこんだといえよう（僕はこのオペラを見たことがなく、ただピアノ・スコアで調べただけだから、はっきり断言できないが）。序曲は、わが国でもよく演奏される。ニ長調のソナタ形式でかかれ、最初から終わりまで潑剌とした曲で、美しい旋律にもとんでいる。第一主題は、結びの結婚式の合唱に基づき、第二主題は、ルスランが恋人を偲ぶ恋のアリアからとったもので、全体としてロッシーニのそれを偲ばせるものがある。管弦楽法といい、こういう明るく軽快なプレストの音楽は、これ以前はもちろん、その後のロシア音楽でも、むしろ珍しいものではあるまいか。

本国で不評だった作品が、外国で暖かく迎えられた例は珍しくないが、このオペラも、リストやベルリオーズらから、いち早く、その荒削りだが新鮮な美しさを認められた。それにまた、ロシアの音楽の中には何か根強くフランスの音楽家をひきつける力があるらしく、十九世紀末から今世紀初めにかけて西欧音楽に革命的な印象主義音楽を創造したドビュッシーは、ほかの誰よりも、当時本国でさえあまり評価されていなかったムソルグスキーの作風から多大の啓示を得たといわれている。

## *24* メンデルスゾーン『真夏の夜の夢』への音楽

Jakob Ludwig Felix Mendelssohn Bartholdy（1809－1847）

メンデルスゾーンは、ベルリンの富裕なユダヤ系の銀行家の家に生まれ、幼時から念入りな音楽教育をうけた。教師の中には、ゲーテと親交のあったツェルターとか、当時一流のピアニストだったモーシェレス等がいる。教育も周到だったが、楽才の開花も早く、一八二〇年、彼が十一歳の時から、「組織的に作曲しはじめて」いる。彼の代表作に数えられている弦楽五重奏、同八重奏などは、いずれも十歳代の前半にかかれた。早熟の天才は、モーツァルト、シューベルトなどほかにもいるが、彼のように、生涯の傑作がそんなに早くかかれた例は珍しい。メンデルスゾーンの楽才は、その後も衰えずにすすみ、三十八歳の短い生涯に、大作のオラトリオ『エリア』をはじめ、『スコットランド交響曲』『イタリア交響曲』、ホ短調の『ヴァイオリン協奏曲』、演奏会用序曲の『フィンガルの洞窟』（一名『ヘブリーデン』）など数多くの名作をかき、その他ピアノの『無言歌』集とか室内楽、歌曲などが多数ある。

『真夏の夜の夢』の音楽は、一八二六年、彼が十七歳のときにまず序曲が作られ、作品二一として発表され、一躍彼の名を天下に知らせた。あまり好評だったので、その後プロシア国王の希望もあって、さらに夜曲、間奏曲、スケルツォ、結婚行進曲などが、作品六一として追加作曲された。もちろんシェイクスピアの同名の田園風喜劇の、挿入音楽として作られたものである。

メンデルスゾーンは、ドイツ・ロマン派の音楽家のなかでも、古典的な傾向の強い人として知られているが、実際彼の曲は、どれも古典的な均整美、明澄な澱みのない和声進行でかかれている。それらは今日からみるとやや月並みであるが、甘美なロマン的な旋律美が漂い、巧妙的確な描写的表現ももつ。その中でもこの『真夏の夜の夢』のための挿入曲は、いかにも明るくてよく流れている音楽で、夜曲の甘さ、あまりにも有名な行進曲、ことに妖精たちの踊りにつけた縹渺たるスケルツォは、まったく独自の境地を開いたものである。メンデルスゾーンのものは、スケルツォといっても、ベートーヴェンのあの豪放な気魄と、深い陶酔と戦慄の入りまじった烈しい音楽ではなく、そよ風のように軽やかで透明な曲である。メンデルスゾーンは、自分の独自性をどぎつく人前につきつけるような趣味は、もっていなかったであろう。その管弦楽法も、弦を主として木管を色どりに用い、金管をきわめて控え目に使うという古典的な手法から、あまり離れていない。

初めのほうでちょっとふれたが、メンデルスゾーンには、『無言歌集』と題されたピアノ小品集が何冊かある。「言葉のない歌」というのは、器楽だけで（ここではピアノ）、美しい旋律なり、特徴のあるリズムなりを用いて、「糸つむぎ車」「ヴェネツィアのゴンドラ風景」「狩り」等々の与える印象を、詩的な雰囲気の濃い音楽にまで作り上げたものということである。これは、ロマン派の人びとの典型的な音楽観であり、この分野では、シューマンその他多くの後継者がいる。

## 25 ショパン『練習曲』（作品一〇）

Frédéric François Chopin（1810－1849）

ショパンはシューマンと同じ年に、ポーランドのワルシャワに生まれた。ショパンの父はフランス人で、若い時ポーランドに来たままここに定住し、後年はフランス語の塾などを開いて生活していた。母はポーランド人。両親ともに、特別音楽的な人ではなかったようだが、ショパンの楽才を早くから認める人があったので、息子をワルシャワ音楽院のエルスナーという教授につけて勉強さすことにした。ショパンは二十歳のとき故国をはなれ、以来主としてパリを本拠に、ピアノを教えたり作曲したりしていた。当時パリにいたハイネ、ユゴー、バルザック、ドラクロワなどの名だたる芸術家と親しく交際し、女流小説家ジョルジュ・サンドと約十年にわたる恋愛関係にあったことなどは有名な話である。音楽家ではリストとの交わりが深く、シューマン夫妻とも何度か会っている。

作品には、チェロ・ソナタやピアノ、ヴァイオリン、チェロの三重奏曲、ポーランドの民謡を基にした歌曲もあり、二曲のピアノ協奏曲その他の管弦楽とピアノの作品も、若い時にはかいたが、重点はもっぱら百幾つかのピアノ独奏曲にある。彼は「僕は新しい流派を作るわけにゆかないだろう。それは僕が古い流派を知らないからだ。しかし僕は自分の音による詩が古今の音楽の中である個性をもっていること、自分がたえず前進しようと努力していることは、よく心得ている」といっているが、この言葉はおそらく音楽の歴史の中の彼自身の立場を一番よくいいあてたものかもしれない。

ショパンのピアノ曲は大きくいって、つぎのようにわけられよう。つまり前奏曲集と練習曲集のように、ピアノの奏法のうえからも音楽的思考や音楽的感覚のうえからも、非常に独創的で純粋な性格をもった精巧な作品の集まりであるもの。マズルカ、ポロネーズのように、民族的舞曲に根ざした特殊な音楽。スケルツォ、バラード、ソナタのように、大規模で彼の幻想力と情熱の烈しさを豊かに盛ったもの。それからワルツや夜想曲のように、甘美な情緒と長い歌うような旋律によるサロン的趣味の濃厚な詩曲。そのどれにも彼の天才の刻印は深く刻まれているが、ここでとり上げた練習曲集はただ指の機械的な訓練のための音楽という概念をはるかにこえた傑作であるばかりでなく、彼の音楽が、どのくらい彼の独特のピアノ奏法と結びついているかを端的に示した面白い作品である。というのは、彼の演奏法は当時かなり風変わりなものとされていたらしく、ことにペダルの使用が非常に増えたこと、テンポ・ルバートといって微妙にのびたり縮んだりする速度などは、かなり目新しい手法だったらしいし、指遣いも当時行なわれていたのとは、いろいろちがう点があった。ショパンの音楽の新しさは、単に誰よりも甘美な旋律を発明する力があったというような点だけを指摘してもすまないのであって、たとえば彼の指遣いの特殊性は、彼の非常に特殊な和声法、特に転調の仕方などと、深い関係があったのに相違ないのである。しかしここではあまり専門的な話はよして、『練習曲集』の一応の解説をしておく。彼の練習曲は、作品一〇と作品二五に納められた二四曲のほかに、カルクブレンナーという人のピアノの教則本のためにかいた三曲がある。作品一〇の『練習曲集』は、一八三三年の夏出版されたが、うち数曲は、二十歳の頃にかかれていた。練習曲なので、一曲ごとにちがった技巧上の問題が提出される。そのうちの二、三をとり上げてみると、まず第二番のイ短調の曲は、左手と、右手の第一、第二指で和弦をひきながら、右手の残りの中指、薬指、小指を半音階的に上下させる。こんな指遣いは珍しかった。第三番はホ長調。美しい遅い旋律ではじまる。第五番は変ト長調。右手が黒鍵ばかりひく。一つ一つの音をひいても旋律の姿は出ないが、正しいリズムで速くひくと忽然と浮かび上がってくる。第一二番はハ短調『革命』、一八三一年パリへ行く途中、故郷で反露革命が起こったが失敗したと聞き、その悲憤をそのままピアノにぶつけてかいたといわれる。

## 26　シューマン『謝肉祭』（作品九）

Robert Alexander Schumann（1810－1856）

シューマンはドイツのザクセンの出版商の子として生まれた。母の希望でライプツィヒ大学の法科に入ったが、ホフマンやバイロンなどのロマン主義文学に親しむとともに音楽への愛情が断ち難く、ついに母を説得して音楽家になった。初めはピアニストになる希望だったが指を傷めたので、作曲に志を変えた。そうして初めの十年はピアノ曲ばかりかいていたが、ピアノの先生のヴィークの娘で天才少女と謳われたクララと永い間の熱愛の後、多くの困難にうちかってついに結婚にこぎつけた。一八四〇年からは歌曲をかき、それからは毎年、作曲の範囲をひろげ、交響曲（四曲）、室内楽、オペラ、オラトリオなど、ほとんど音楽の全領域にわたる作品をかいた。しかしシューマンの最もシューマンらしい作品は、何といってもピアノ曲と歌曲であろう。

この『謝肉祭』は、彼がヴィークの許《もと》に下宿していた一八三五年の夏、エルネスティーネという娘に恋し、ひそかに婚約した頃かかれた。娘の故郷のアッシュという町の綴りがドイツ風の音の呼び方でよむとイ、変ホ、ハ、ロの音に当たるので、この四つの音からなる動機を土台に、二〇曲の舞曲風の小品をかき、それをまとめて『謝肉祭、四つの音符の上にかかれた洒落た情景』と題をつけた。小品には一々〈前口上〉〈ピエロ〉〈アルルカン〉〈高尚なワルツ〉、〈オイゼビウス〉〈フロレスタン〉（この二つはシューマンのペンネーム）、〈コケット〉〈かけ合いスフィンクス〉〈踊る文字〉〈ショパン〉〈パガニーニ〉〈俗人たちを討つダヴィド同盟の行進〉といった調子の題がついている。

シューマンの曲には、何か晦渋な陰鬱な影があるのが多いが、この曲集に納められた小品たちは、明るくて美しい旋律とはっきりした形式をもっている。ピアノのテクニックもかなりむずかしいが、それは機械的なむずかしさよりも、いろいろな表情をひきわけるむずかしさが主になっているし、ピアノの響きそのものは、前の時代のものとは格段に豊かになっている。こうした理由で、今にいたるもピアニストに非常に愛好される名曲になった。

ショパンの小曲が一つ一つ珠玉のような完璧さをもっていて、どの曲もそれだけをとりだしてひいても、あるまとまった完全な感銘を与えるのに、シューマンの曲集はむしろいろいろな情緒のあつまってかもしだす、交響的というか、集合的な雰囲気の豊かさというかでもって、人をよろこばすように出来ている。『子供の情景』『クライスレリアーナ』『交響的練習曲』等の彼のピアノの傑作は、みんなこんなふうな小曲の集まりになっている。このほか、シューマンがただ一曲書いた『ピアノ協奏曲』も、ロマンティックな名曲である。

シューマンもショパンも「ピアノの詩人」と讃えられているが、実際この人たちのピアノ曲をきくと、それ以前の曲にくらべて何かあるはっきりした気分が湧き起こってくる。それは言葉にしてみようとすると、夢みるような恍惚だとか、熱狂だとかいった陳腐などっちつかずの言い方に陥りがちだが、曲をきいている時はかなり手応えのある気持だ。美しい豊富な響きと、つぎつぎと流れでる旋律、変化にとんだ和音の明暗の交替、彼らの曲はまさにピアノ音楽の精妙な花といってよい。

## 27 シューマン『詩人の恋』（作品四八）

前述のように、シューマンはクララ・ヴィークと長い苦しい試錬（クララの父が頑強に反対したので）を経て、一八四〇年の九月やっと結婚することができたわけだが、その年の春頃から急に歌曲がかきたくなり、それこそ日に夜をついで歌が生まれた。この一年の間に、百八十何曲もかかれたのである。「僕はまたものすごく仕事をはじめた。泉がふきあげるように音楽が湧いてくるのです。自分でもどうにもならない。ナイチンゲールのように歌って歌って、歌い死んでもいい」と、この年の彼はクララにかいている。

彼の歌曲は独唱・合唱とりまぜて実に数多くあるが、その中で一番有名でもあり、また一番シューマンらしい妖しいばかりに精妙な美しさを湛えているのは、『詩人の恋』と『女の愛と生涯』の二巻だろう。『詩人の恋』はハイネの詩につけた一六の歌曲をあつめたものである。ハイネの詩は言葉が平明で調子がよく、しかも短いなかにくっきりと詩情が浮き出すようにかかれている。こうした詩風は音楽をつけやすいのか、シューベルト、メンデルスゾーン、シューマン、リスト、ブラームス等ロマン派の音楽家がよくとり上げた。そのうちシューベルトは晩年になってはじめてハイネを知ったので数曲しかないが、遺作集『白鳥の歌』に納められた〈海辺にて〉〈影法師〉〈都会〉以下の数篇は、彼の歌曲の中でも、レチタティーヴォをとり入れた沈鬱な象徴的な作風にまで高められた傑作になっている。これに対し、シューマンのハイネ歌曲は、もっと近代的というか、ハイネ特有の涙の陰に苦い皮肉があり、笑いの裏に気違いになりそうなくらいの絶望と悲嘆が押しつぶされているといったふうの心理的な表現が繊細な筆致で捉えられている。だから旋律はシューベルトのそれよりももっと細かく目立たないように動き、歌うというよりは訴えるような祈るような趣にとんでいる。伴奏もずっと心理的に微妙になり、歌うものの気持を下からそっと支えたり、むしろピアノのほうが十分にその背景を描いているようなことさえある。『詩人の恋』の中でも、〈私は夢の中で泣いた〉とか〈お前の眼に見入る時〉などはその作風の代表的なものだろう。シューベルトの歌は、いわば詩をよんでいるうちに湧いてきた旋律を中心にして、それを音楽的に仕上げてゆくといった趣があるのに対し、シューマンの歌は、ひたすら詩のなかにとけ入り、それを静かに呟くというふうなところがみえる。そしてピアノの伴奏部は、比類のない心遣いでかかれ、きくものはあたかもここに詩人シューマンの魂をのぞくかの思いがする。

この曲集の巻頭を飾る、〈美しい五月に鳥が啼き、木々の花が咲くとき、私は彼女に愛をつげた〉という曲は、歌と伴奏とが渾然と一体になって、おそらく詩だけでよむよりも、いっそうよくその趣が深く心に沁みてくるものといえよう。ピアノ伴奏は、微風の僅かに頬を撫でるような、葉がかすかにそよぐような、そうして心がいつ知らずわななくような、そのわななきの甘い切なさを伝える絶妙の筆遣いでかかれている。この恋が告白だけで終わったように、この曲も結びは属音で終わって解決がない。第二曲の〈私の涙から花が咲き、嘆息は歌となる〉も、どこまでも目立たぬ旋律を伴奏がいたわるように優しく支える。

〈お前の眼を見入れば悩みは消え〉では、伴奏は初めの一行の歌が終わるまで耳を澄ますかのように、初めの和音を押えたままじっと待つ。そうして「お前が私を愛するというのをきくと、さめざめと泣くほかはないのだ」と歌が終わると、その言葉をかみしめるかのように、軽くリズムだけを刻みながら、何小節か思いに耽ける。〈あれは笛とヴァイオリンの音だ〉では、伴奏は詩人の悲嘆と痛憤と自嘲をよそに、一貫して不実な恋人の婚礼の騒ぎを伝える。

〈かつて恋人の歌った歌をきくと〉では、歌の旋律とピアノの旋律とがそれぞれ独立した二重の流れとなっている。最後の〈古い恋の歌〉では、詩人は、マインツの橋よりもっと大きな柩《ひつぎ》を要求する。そうでなければ自分の大きくて重い悲嘆は自分の遺体といっしょに入れることがとてもできないからである。河中にその柩が埋められると、伴奏は在りし日を思い出すかのように、長い慰めを独奏するが、これは前に出てきた歌のやさしい旋律だった。

　こうしてこの歌曲集は一篇一篇が真実の心をもって注意深くかかれているので、伴奏もほとんど各曲ごとにまったく別のスタイルで書きわけられているくらいであるにもかかわらず、一度この巻を手にとると、つぎつぎと歌っていかずにいられなくなる。だからこの曲集は、演奏会で歌われる時はたいてい全曲通唱される。先にピアノ曲のところでいったように、ここでもシューマンの小曲集は、各曲それぞれの美に輝いているばかりでなく、全巻としてもまとまって一つの交響的な世界をかもし出すような性格をもっているのである。

## 28　リスト『ハンガリー狂詩曲《ラプソディ》第二番』

Franz Liszt（1811–1886）

　リストはハンガリーの片田舎に生まれた。父親は、ハイドンの主人だったエステルハージ公の領地の支配人のような職にいた。そういう人の子が、どうしたわけか分からないが大変なピアノの神童で、九つの時公衆の前でピアノをひいて喝采され、進んで当時のヨーロッパの音楽の首都ともいうべきヴィーンやパリへ出て大成功をおさめた。そんなふうでこの人は二十二、三歳の時には、もう欧州での第一流の大ピアニストとしての名声を確立してしまった。一八四九年、ヴァイマルの宮廷歌劇場の楽長になったが、二人といないほど義俠心にとみ友情に篤く進取的な人柄だったので、その徳を慕ってくる若い音楽家がひきも切らず、ヴァイマルは若い世代の音楽の一大中心地となった。一八六一年、同地を離れ、ローマへ行ってカトリックの僧位を得たが、ピアノの教授や作曲にもつとめ多くのすぐれた弟子と作品を残した。

リストは、ヴァイオリンのパガニーニとともにその頃の楽器演奏のくらべるもののない大名人だったので、ピアノの演奏技術の拡大から、ピアノ作曲に大きな影響を与えたのはもちろんだが、作曲家としても幾多の業績がある。まず彼は、交響詩というジャンルを確立した。これは一楽章の交響曲のようなものだが、ある詩的な想念のもとに音楽的な主題をたくみに変化させながら、全体として一貫した明瞭な音楽的感興をあたえるのを目的とする音楽で、ラマルチーヌの詩想による『前奏曲』（ただしこれは曲ができた後で作曲者自身によって、この詩とむすびつけられたものだというけれども）、ユゴーの詩による『マゼッパ』などはその最も成功した例といわれてきた。もちろんこれらは管弦楽用に作曲されたものだが、その管弦楽の扱いにも、色彩的な効果を出すうえで非常にすぐれた手腕が発揮されている。また彼は、和声法のうえでも、音の自然陪音を利用していろいろと新しい組合わせを追求することを通じて近代音楽の展開に大きな先例と示唆を与えた。主な作品にピアノ曲（独奏曲、協奏曲、オペラその他の編曲）はもちろん、独唱合唱用の歌曲、交響詩、ミサなどがある。

『ハンガリー狂詩曲』は、ハンガリー音楽（ジプシーの音楽とマジャール人の音楽）の民族的特性にもとづきながら、ピアノの王者としての超絶的な技巧の駆使と、劇的で絢爛たる作風とが、渾然一体をなした作曲で、古典にみるような知的で内面的な気品は求むべくもないが、一人でよく管弦楽全体に匹敵するような力強く豪壮な効果にあふれた作品である。

第二番の『狂詩曲』は、ラッサンとよばれるゆるやかで悲痛味をもった部分ではじまる。旋律は朗詠調で、力強く劇的な感じにあふれた低音部の短いふしからはじまり、幾度もくり返されるが、そのたびごとに技巧的な装飾的な変化が加わる。それが終わると、フリスカという四分の二拍子のきわめて速い熱狂的な踊りの部分がくる。ここでは音の幅はいっそう拡がり技巧は複雑になる。旋律は気持のよい民謡風のものだが、それを宝石をちりばめ豪華な衣裳をまとわせたように飾り立ててある。しかしこの二つの部分の対照といい、胸のすくような技巧の冴えといい、名人が存分な表情をつけて演奏すると、他にない楽しい味わいが出てくる。ピアノの性能を極度に使いきって少しも無理がない点も注目すべきことで、細かな息づかいの変化までが十分に考えられている作品である。リストはこの種の曲を全部で一五曲ほどかいているが、どれも大体同じような性質のものである。狂詩曲というのは、こんなふうにつぎつぎと旋律をくりだして、哀傷と熱狂的な感興とをこもごも与える曲をさす。

## 29 ヴァーグナー『ローエングリン』

Wilhelm Richard Wagner (1813–1883)

ヴァーグナーは、ヴェーバーとよく似た境遇に育ち、父は俳優で自分でも劇をかく人だったので、幼時から演劇というものを裏の裏まで知っていた。若い頃は文学にも熱中したが、ベートーヴェンの『第九交響曲』をきいて感激し、音楽家になった。

自作のオペラをかかえながらドイツ各地を転々として歩き、パリへ行って惨憺たる貧乏暮らしをしたり、ドレースデンの宮廷オペラの指揮者になったものの、失敗に終わった。一八四九年の革命の音頭をとって危うく国外に逃亡したりといった波乱の多い前半生を送ったが、彼の書いた作品（ヴァーグナーは自分の作品を従来のオペラと区別するため楽劇とよんだ）が各地で上演されるにつれてしだいに名声が上がり、ことにバイエルン国王のルードヴィヒ二世がパトロンとなってからは作曲もはかどり、一八七二年バイロイトに自作だけを上演するための祝典劇場を作り、音楽界のみならず文学界、思想界の逸材を傘下に擁し、全欧に大きな勢力を揮うにいたった。

彼の代表作には、『タンホイザー』『ローエングリン』『トリスタンとイゾルデ』『ニュルンベルクの名歌手』、『ニーベルングの指環』四部作、『パルジファル』などの大作がある。またヴァーグナーは、台本はみな自分でかいたし、ヴェーバーとはちがい思索的で分析的な能力の発達した人だったので、自分の音楽の理論的根拠を論じた著作も少なくない。

そんなふうで、彼の仕事は、純粋な音楽的見地からだけでは割切れない膨大な社会的基盤と理論的体系に立つものだが、音楽的観点からだけ論ずると、彼の楽劇の特徴は、第一に従来のオペラが歌一つごとに番号がついていてそれぞれ完結していたのに反して、初めから終わりまで音楽が鳴り通す（無限旋律）。劇の主要な人物とか事物とか現象とかについて、いちいちこれを表わす一定の旋律を作り（示導動機）、舞台上の仕草や筋が管弦楽の流れに正確に照応するように計っている。その音楽は非常に複雑になるが、これを逆にいえば、今までの器楽曲の主題とか動機とかいった音楽的材料の処理や発展を、舞台上の人物の思考や行動で表わして眼に見えるようにしたともいえる。

しかしまた舞台をはなれて音楽としてだけ見ても、多くの独創的な仕事をした。第一に管弦楽の手法が著しく複雑膨大になり、ことにトロンボーン、テューバ、ホルン等の金管楽器の数をまし、金管だけでも独立した和声進行ができるようにした。そうしてその和声も、舞台上の複雑な気分や情趣を表わす必要上、複雑な音階的な動きが多く、新しい自由な転調をさかんに使用した。このヴァーグナーの半音階的な転調に伴う和声の新しい手法は、現代音楽の発展に、大きな影響を与えるものとなったのである。

ここにとった『ローエングリン』は一八四七年に作曲されたが、一八五〇年になってやっとリストの非常な尽力によってヴァイマルで舞台に上った。先にのべた、ヴァーグナーが最後に到達した様式からみるとまだまだ未完成な点が多いが、一般的には最後期の作品よりも親しみやすいので、さかんに上演される。

劇の筋は、騎士道華やかなりし昔、ブルグント国の公女エルザは、父なきあと、よこしまなテルラムントとその魔法使いの妻のため、弟を隠され領土も奪われようとしていたが、どこからか白鳥にのって来た騎士により救われ、めでたく結婚した。騎士は、結婚に当たってけっして自分の素性を尋ねてはならぬと命じておいたのだが、エルザは魔女にそそのかされて、しつこくその名を尋ねる。

そこで騎士はついに身の上を名乗り、自分は遠く人里を離れた国で聖杯を守護するパルジファルの子ローエングリンであるが、国の掟として、身分を明かした以上帰らねばならぬといい、立ち去ってしまう。その時、魔女のため白鳥にされていたエルザの弟を人間につれ戻してやるのだが、傷心のエルザは後悔と悲嘆のあまりその場に倒れ死んでしまう。

先にいったようにこの作品は、音楽として親しみやすく、筋も華やかな騎士物語だし、美しいロマン的な旋律と情趣に富んでいるので、世界中で最も人気がある音楽に属する。

特に、夢幻的な美しさの極みともいうべき第一幕への序曲、騎士風の凜々しさと華やかさに彩られた第三幕への前奏曲は、すぐれた器楽曲として演奏会にもしばしば上演されるし、「エルザの祈りと夢物語」の歌、第三幕の前奏曲にひきつづいておこる壮麗にして婉美な結婚行進曲、終幕のローエングリンの名乗りの場の歌などは、ヴァーグナーの作品でも特に広く知られた美しい曲となっている。

## *30*　ヴェルディ『椿姫』

Giuseppe Fortunino Francesco Verdi（1813－1901）

ヴァーグナーとならんで、十九世紀後半から今世紀にかけてオペラの世界を二分する大家となったヴェルディは、彼と同じ年に、北イタリアの小さな町の貧しい雑貨商の家に生まれた。

楽才を認めた人びとの後援でミラノの音楽院の入学試験を受けたが、見事に落第した。オペラは一八四二年以来かいていたが、彼の真価が広く人びとに認められるようになったのは一八五一年の『リゴレット』からで、その後は『トロヴァトーレ』『椿姫』『仮面舞踏会』等の傑作をぞくぞく発表したが、一八七一年『アイーダ』をかいて以後約十六年間筆を絶った。これはヴァーグナーの楽劇をみて、自分の今までの美しい旋律の綴り合わせからできているオペラが物足りなくなったためだといわれる。しかし、一八八七年、七十四歳で、シェイクスピアの悲劇による『オテロ』をかき、ついで一八九三年、実に八十歳という高齢で『ファルスタッフ』をかき上げた。この二つの作品は、彼特有の旋律美とヴァーグナー流の理づめな構成が見事な均衡をもった傑作とされている。

こんなふうにヴェルディは晩成の大家だが、壮年時の『リゴレット』や『椿姫』も、それなりにほかにかけがえのない美しさをもっている。声の魅力を発揮させる旋律をかくのは、イタリアの音楽家のお家芸だが、なかでもヴェルディの天才は一際《ひときわ》すぐれている。彼の旋律は、古いオペラのように技巧的な装飾的なそれでもなし、軽薄で情緒に乏しいものでもない。そこにはただ美しく響くだけでなく、華やかでいてしかも強く心に訴えてくる、甘美な哀愁ともいうべきロマンティックな魅力が漲《みなぎ》っている。

本当に生きた血の通った、心の豊かな声にぴったり即した旋律になっている。しかし、晩年にいたるまでの伴奏のほうは、ドイツ流の作風からみるとかなり安手で、すっちゃすっちゃとリズムを刻むか、声と重なって旋律を奏するようなのが多かった。

ここにとった『椿姫』は、一八四八年出版されたフランスの小説家アレキサンダー・デュマ・フィスの同名の小説によるものである。たまたまこの小説が劇になって大成功をおさめているところをパリでみたヴェルディは、すぐオペラにしようと思い立ち、ひと月余りで完成した。初演は一八五三年、イタリアのヴェネツィアで行なわれた。初演は失敗に終わったが、度《たび》を重ねるごとに評判が高まり今では世界中のオペラ劇場での最も人気のある出し物になっている。

オペラはまず前奏曲からはじまるが、その哀愁と清純さが、そのまま女主人公ヴィオレッタの純情と悲劇を暗示する。

幕が上がると、十九世紀初めのパリのドゥミ・モンドの花形ヴィオレッタの住まいの華やかな饗宴の場。そこへアルフレッドという社交界へ入りたての青年がつれてこられ、ヴィオレッタとともに有名な「乾杯の歌」を歌う。両人の間に愛が芽生える。客が去った後で、ヴィオレッタが胸の不思議な慄《おのの》きを歌う。「これはどうしたことだろう」にはじまる〈ああ、そはかのひとか〉のアリアは、曲中最も美しい歌として知られる。

第二幕はパリ近郊の二人の愛の巣。そこへ思いもかけぬアルフレッドの父が訪れ、一家の名誉のため別れてくれと女にいう。いったんは断わるが、青年の将来を考えて女は承知し、パリに去る。外出先から帰って来た青年は父と烈しく口論する。この時父が歌う〈プロヴァンスの海と陸〉の平和な故郷の歌も、なだらかなよい歌である。青年はパリに来て女の本心をただすが、愛想づかしをいわれ、憤慨のあまり、彼女をさんざんに罵倒して立ち去る。

第三幕は、胸の病いと悲しい恋のなりゆきについに重い病の床についてしまった女の部屋。そこへ父から女の真心をきいた青年がかけつけてくるがもう遅い。〈懐かしのパリ〉を歌い、楽しい将来を夢みながら、女は恋人の腕の中で死んでゆく。

## *31* フランク『ヴァイオリン・ソナタ イ長調』

César-Auguste-Jean-Guillaume-Hubert Franck（1822－1890）

サン＝サーンスとともに、フランス近代音楽の父といわれるフランクは、ベルギーのリエージュに生まれた。幼い時から際立った楽才を示し、フーガやオルガン演奏ですぐれた成績でもって、パリ音楽院を卒業した。その後ピアニストとして演奏会を開いたりしていたが、パリのある教会のオルガニストとなり、晩年にいたって母校のオルガン科教授も兼ねたりもしたが、作曲やピアノの個人教授の弟子をとりながら、終生貧しいつつましい生活を送った。

一八四一年に出版されたフランクの作品一の『ピアノ、ヴァイオリン、チェロの三重奏曲』は、並々ならぬ才能を示しているが、その後しばらく彼はサロン向きの小品や注文に応じた教会の礼拝用音楽などしか発表していない。そうして今日彼の傑作といわれている『ピアノ五重奏曲』、ピアノの『前奏曲、コラールとフーガ』、『交響曲ニ短調』『弦楽四重奏曲ニ長調』などは、すべて彼が五十歳の半ばをすぎてから書いたものである。したがってそこに、約二十年に近い空白がある。これはフランクが目差していた音楽が、かなり実現しにくいものだったからであろう。というのは、逆にフランクの作品を見て分かることだが、彼は、フランスの伝統である感覚的な洗練と明晰な形式感と、ドイツの複雑で知的な構成をもった作風との融合を目差していたのだった。

ところで当時のフランスの音楽は、ドイツ器楽の進歩に比べて、大変立ちおくれており、ベルリオーズの天才にもかかわらず、まずオペラかサロン向きの音楽しか、公衆から喜ばれなくなってしまっていた。それゆえ、彼が長い研鑽の末作り出した作品は、当時のフランス人にはあまりにも重厚な手がこんだものに思われたので、発表されるごとに非難と誤解の的となる有様だった。しかし彼の静かな自信は絶対にゆるがなかったし、いつとはなく彼の周囲に集まった弟子たちは、彼の教えにしたがって作曲した。それがダンディやショーソンら、いわゆるフランキストとよばれ、フランス近代音楽史上の一つの強力な流れになるにいたったのである。

ここにとった『ヴァイオリン・ソナタ　イ長調』は、一八八六年、フランクが六十四歳の時作曲され、彼の最高の成就と呼ばれるにふさわしい出来ばえである。

第一楽章は、ごく中庸のアレグレット、八分の九拍子。ヴァイオリンの奏するやさしくて柔軟な動機からなる旋律と、ピアノの広いアルペッジョに支えられた雄々しい旋律とを中心に作られた二部形式で、前奏曲のような役目を果たす。近代の半音階的な手法を巧みにとり入れているが、近代にありがちな奇矯な点がなく、厳たる大家の風貌を示している。しかもけっして衒学的でなく、瑞々《みずみず》しい即興的な趣さえもっている。

第二楽章は、ニ短調の荒々しいリズムをもつアレグロ。ソナタ形式だが、再現部はかなり初めとちがい、長い結尾がついている。ここに展開される嵐のような熱情は烈しく、この曲の中での一つのクライマックスをなす。

第三楽章は、朗詠調風の幻想曲。主としてヴァイオリンが朗詠調を奏し、ピアノは流れるように伴奏する。一般に幻想曲というのはリズムの自由な変化に富んだものが多いが、ここでは劇的な独白を偲ばせる。

第四楽章は、アレグレットで再びイ長調に戻る。冒頭から歌うような旋律がピアノで奏され、一小節ずつ遅れてヴァイオリンがその旋律を追いかける（カノン手法）。この楽想は、いろいろ転調したりちがった形の伴奏を伴いながら展開される。ここでは祈りと闘争との末についに美しい旋律にまで結晶されたある音楽的イデーを、作者が心から慈しんでいるようだ。その間に、前の三つの楽章に現われた旋律がつぎつぎと織り込まれて出てくる。

この手法は、循環形式といって、これまでの作曲家の曲にも時おりみられたものだが、フランクの晩年の大作にいたって大成した。交響曲とか弦楽四重奏とかいうような、いくつもの楽章からなっている大曲を、単なる気分の対照とか構成の違いとかから生まれる変化だけでなく、同一楽想を数楽章を通して出現させ、有機的な連関をつけ、曲全体の統一を助けるようにしたものである。

フランクは年代順に並べるとこんなところに入るが、晩成の大家だし、作風も新しいから、音楽史的観点からいえば、もっとずっとあとに登場しても不思議ではない新しい芸術家として考えるべきである。

## 32 ヨハン・シュトラウス『美しき青きドナウに』

Johann Strauss II（1825－1899）

ワルツの王といわれるヨハン・シュトラウスには、同名の父があった。そうしてこの父こそ、ヴィーン生粋のワルツをひっさげて、全欧を風靡するほどの華々しい成功をおさめた最初の人であったのである。東京でいえばまず浅草といった趣の庶民的な遊楽地から育ってきた軽い娯楽音楽とはいいながら、水際立った洗練ぶりと甘美な旋律を盛った彼のワルツは、全欧の民衆や王公の心を奪ったのだし、もっと素晴らしいことには、メンデルスゾーン、ケルビーニといったどちらかといえばアカデミックな大家たちでさえ、この音楽には讃嘆の言葉を惜しまなかったのだった。彼には三人の息子があった。しかし父親は、華やかな成功の陰にかくれたいろいろな苦労を考えて、息子には絶対に音楽に携わることを禁じたのだが、ついに三人が三人とも音楽家になってしまったというのだから、血筋は争われぬものである。しかも今日では、むしろ長男のヨハンのほうが、父よりも有名になってしまった。彼も父と同じくヨーロッパからロシア、アメリカにまで足跡を残した。作品としては『芸術家の生涯』『ヴィーンの森の物語』『春の声』といった不朽のワルツを挙げなければならぬが、『ジプシー男爵』『こうもり』のようなオペレッタも、滅びることのない名作というべきだろう。彼が四七九曲の作品を残し、七十四歳で死んだとき、ヴィーンの市民たちはベートーヴェンのそれに劣らない盛大な葬儀をもって酬いたといわれる。

酒といえば灘というように、ワルツといえばヴィーンが本場といわれるが、それはこうした天才たちが、ヴィーンのワルツのスタイルで全欧を征服したからである。ヴィーンのは同じ三拍子でも、他の国にない一種特有な癖がある。それがちょうど、少し藪睨みのカチューシャがネフリュードフの心を捉えたように、独特な魅力を放つのである。技術的にいえば、三拍子の第二拍がすこし延びて第三拍にくいこむ。そうして第三拍は、次の小節の頭の第一拍までつながって、切分法を作ることが多いようである。しかしシュトラウスのそれが、特に他のヴィーン・ワルツよりもいっそう好まれるのは、そこに優雅でしかも溌剌とした情趣があるからであるし、管弦楽法がいかにも音楽にぴったりしていて、少しも複雑でなくて、しかも効果的なことも特徴であろう。彼は、「父親のワルツには哲学がないからつまらぬ」といったそうだ。僕のよんだ何かの本には、「今日は今日、人間は一度きりしか生まれてこず、死んだらおしまいだ」というのが、彼の哲学だったとかいてあったが、それがなぜ傑作を生む基になったかは、読者に考えていただこう。彼のワルツはけっして頽廃的でなく、どこまでも溌剌としている。

ここにとった『青きドナウ』は、一八六七年にかかれた。シュトラウスほどの人でも、やはり傑作をかくには習熟が必要だったとみえて、彼の数ある中でも一際すぐれた傑作は、大体三百曲くらいかいてから後のものに多い。この曲は、前奏と五つのワルツと結尾からできている大曲だが、楽器の編成も大がかりで、フリュートとピッコロ。オーボエ、クラリネット、ファゴット各二。ホルン四。トランペット二。トロンボーンとテューバ。ティンパニ。タンバリンと小太鼓。ハープ。それにヴァイオリン、ヴィオラ、チェロ、コントラバスというような、本格的なものになっている。また『美しき青きドナウ』によせるといっても、描写音楽ではなく、流麗な舞曲であり、強いていえば、夏は水浴び、春は行楽にと、古くからヴィーン市民に愛され親しまれてきたこの大河に寄せた頌歌とでもいうべきだろう。

ワルツの初めのホルンではじまるふしは、非常に印象的で美しい。ブラームスが、シュトラウス夫人の扇にサインを乞われた時、この旋律を写し、「残念ながら私の創作ではありません」とつけそえたのは有名な話で、それくらいこれはすぐれて音楽的な着想である。各ワルツの間に、短い間奏曲がはさまっている。そうして最後の結びは一段と速度を上げて、急速に音階を上下する走句で華やかに結ばれる。

## 33　フォスター『スワニー河』（故郷の人々）

Stephen Collins Foster（1826－1864）

フォスターは、アイルランド出身のアメリカ人で、ペンシルヴァニア州のピッツバーグの近くに生れた。学生時代から音楽がすきで、フリュート四本のためのワルツをかきなどしているが、正規の音楽教育はうけていない。後年有名になってからもいくら友人たちにすすめられても、頑として応じなかったという。その代りモーツァルト、ベートーヴェン、ヴェーバーを愛し、その作品を研究した。民謡風の歌の作曲は、一八四二年頃からはじめているが、彼の音楽の源泉としては、出身地のアイルランドやスコットランドの民謡のふし廻しと、幼い頃から非常な親しみを感じていたアメリカニグロたちの歌とがあげられる。そうしてこの二つの系統の音楽の綜合に成功した頃から、彼の独自の作風が、美しい花をさかせはじめたといってもいいだろう。それは大体、一八六〇年頃からで、『スワニー河』『主人は冷たい土の中』『ケンタッキーのわが家』『金髪のジェニー』等は、それから数年の間に生れた名作である。一八六〇年には、『オールド・ブラック・ジョー』をかいている。しかしそれからは、次第に霊感の衰えをみせるとともに、生活も荒んでいったようで、一八六四年の一月、ニューヨークの下宿で泥酔して転んだ時、頸動脈を傷つけ、三日の後あえなく死んでしまった。

彼の歌は、どれも素朴で短く、いわば人の世に生き、日の光を浴びているうち、自ずと人の顔に刻まれゆく皺のような自然さと、大地の香りにみちている。故郷の人々や、冷たい土の下の主人や、金髪の恋人、青春の友を思う老人の心をうたった彼の歌は、およそ人生になにがしかの経験のあるひとなら、心を動かさずにいられない感触をもってかかれている。

ここにとった『スワニー河』は、「オールド・フォークス・アット・ホーム」(故郷の人々)という名でも知られている。形式は三部形式で、始めと終りが同じで中間がちょっと違う。『スワニー河』のリバーという語尻が高くなっている所など、独特の訛りがあって、忘れがたい効果をもっている。「スワニー河をずっと下っていった所に、私の心はいつもかえってゆくのだ。あすこには懐しい人たちがいる」云々の歌詞も、彼の他の歌と同じく、自分で作ったものである。およそこの位、多くの民族に唱われているものはないといわれるが、アフリカの土民さえ歌うそうだ。因みにスワニーという名は、地図をあけてみるうちに偶然みつけた名前で別に深い意味はないのだという。

# 34　スメタナ『モルダウ河』

Bedřich Smetana（1824－1884）

十九世紀に入って、今まで音楽的後進国とされていた国々にも、活潑な作曲が行なわれるようになり、それがどこでもまず民族的郷土的色彩の濃い音楽の形で現われてきたことは、今までも述べたところだが、スメタナの名も、ボヘミア楽派の最初の大家として逸することができない。ボヘミア人は元来すぐれて音楽的な民族で、古くから優秀な音楽家を出し、現在でもとくにヴァイオリンの名手にはボヘミア出身の人が少なくない。しかも作曲家として顕著な仕事をした人は、十八世紀に出たシュターミツその他を除けば、まずスメタナをもってはじめとするといってもよかろう。ことに、十九世紀中葉以後、それまで長くここを領有していたオーストリア皇帝の政治的圧力がしだいに弱まるとともに、民族独立の気運が高まり、文化界一般の動きも活潑になってきた。スメタナは、ちょうどその気運に際会したのである。幼い時からピアニストとしてすぐれた才能をもっていたが、一八五六年、スウェーデンに招かれ指揮者になって、はじめて三曲の交響詩をかき、さらに一八六〇年、プラハに国民歌劇場が作られると、その最も主要なメンバーとして、指揮に、教育に、作曲に、精力的な活動をした。ボヘミアの民話その他に取材した八曲の国民歌劇は、彼が最も精力を傾けた作品である。そのオペラのどれが今でも生きた曲目になっているか僕は知らないが、その中の『売られた花嫁』の序曲は、わが国でも好んで演奏会でとり上げられている佳作である。

このオペラは創作当時から大変に好評だったらしい。ところがスメタナは一八七〇年代になってからしだいに耳の病いが悪化し、七四年にはまったくつんぼになってしまい、一切の公職から引退しなければならなくなった。スメタナの最大の交響詩『わが祖国』は、その頃から作曲され出したものである。曲は六曲からなり、最初の曲は〈ウィゼラード城〉と題され、プラハにある歴史的な名城にまつわる時代の変遷を語るもの。第二曲が、ここにとった〈モルダウ河〉である。第三曲は、ボヘミアの伝説の女主人公〈サルカ〉によるもの。第四曲は〈ボヘミアの野と林より〉と題され、牧歌的な美しい自然の言葉で、〈モルダウ〉とともに、最も有名な曲。第五曲は〈ターボル〉、第六曲は〈ブラニーク〉とよばれ、それぞれフス教徒の戦いと、その戦士の埋葬にまつわる話によっている。全曲が完成したのは一八七九年。全曲初演は一八八二年に行なわれた。もちろん、この頃スメタナは完全に耳がきこえなくなっていたわけで、第一曲の終わりには「耳を患いながら」、第二曲の終わりには「まったくつんぼになって」と、草稿に書きいれてあったといわれる。

前述のように『モルダウ』は、この組曲の第二曲だが、これだけでもしばしば演奏される。「モルダウ」はボヘミアを流れる河の名前だそうで、曲はまず〈モルダウの水源〉と題され、フリュートの楚々たる独奏部分ではじまり、しだいに響きをまし、ヴァイオリン、オーボエ、ファゴットの奏する穏やかだが咏嘆的な民謡風の旋律をくりひろげる部分にゆく。ホルンが活潑な合図を与える〈森の狩猟〉の部分や、〈農夫の婚礼〉と題された素朴な舞曲風の部分をへて、静かな〈月夜と水の精の輪踊り〉〈再び、フリュートとクラリネットが漣《さざなみ》のようにもつれ合う下を、ヴァイオリンがゆったりした旋律を奏する部分の後で、再び冒頭の民謡的な旋律が帰ってくる〉の下の河を描き、いつか音楽が高潮に達すると、〈聖ヨハネ峡谷〉の急湍にさしかかる。金管はたけり立ち、今まで比較的単調だったバスが、活潑に動く。そうして大河となって流れゆく部分に達し、曲は堂々たるクライマックスを経て、大洋をはるか偲ぶかのような余韻を伝えた後、終わる。この曲は、冒頭の水源を示す動機が、ほとんど中断することなく一貫して流れてゆき、その上にのって奏されるのびやかなふしが、幾回となく戻ってくるのが特徴であろう。管弦楽法にはさして新味はなく、映画の伴奏音楽のスタイルを思わせる。つまりあまり高級な音楽とはいえない。だが、こんなに政治的に苦境にあった祖国の自然や伝説を愛し、それに取材した大作をどんどん書いた音楽家の心境は美しく尊いものとしていつまでも残るだろう。そうして、その心がドヴォルジャーク以後のボヘミア出身の音楽家を生み、育てたといってもいいだろう。

## 35 ブラームス『交響曲第一番ハ短調』（作品六八）

Johannes Brahms（1833–1897）

ブラームスはハンブルクの貧しいコントラバス奏者の子として生まれた。少年のころからカフェなどで演奏して生計の資を得ていたが、ピアノを非常に上手にひけるのを買われて、レメーニーというハンガリー生まれのヴァイオリン奏者の伴奏をして各地を旅行しているうち、ドイツ一流のヴァイオリニスト、ヨアヒムの知己を得、彼の紹介でローベルト・シューマンのもとを訪れた。

この訪問は、ブラームスの一生に大きな影響を与えるとともに、音楽史のうえでも、意義の深いものとなった。というのは、シューマンは当時二十歳のこの青年の楽才に打たれて自らペンをとり、「新しい道」と題した論文をかいて、「ついに来たるべきものが来た。新しい天才が」といって広く公衆に彼を紹介したのである。それからは、ブラームスの作曲は一作ごとに一群の音楽家たちの称賛と反対派の非難の的とならずにいないようになった。しかし彼は、着々とその地歩を高め、一八六二年ヴィーンに定住してからは、ほとんど一生を自由な芸術家としてひたすら創作に精進していった。生涯結婚しなかった。

ブラームスの作品が、そんなに注目されたというのは、シューマンの絶大な称賛を得ただけでなく、この偉大な先輩の遺志をついで、当時の音楽界の傾向とは逆に、独自の楽風を樹立したからである。この頃のドイツ音楽はロマン主義の全盛期で、主観的抒情的な芸術と、ヴァーグナー、リストの燦爛たる色彩美や近代的音感覚を追求する進歩派の楽風とが支配的だったが、ブラームスは古典的な厳格な構成感に根ざし、しかもそこに時代の精神を反映した音楽を創ろうと努力したのである。

ここにあげた『第一交響曲』は実に十数年の努力の結晶だが、彼の音楽家としての生命は、この一作にかけられていたといってもよいだろう。第一楽章は、一八六二年、二十九歳のころからはじめられていたが、全曲がかき上げられたのは一八七六年のことである。交響曲はすでにベートーヴェンの九つの大作によってほとんど発展の限界までかきつくされてしまった観があり、さればこそリストは交響詩を創《はじ》め、ヴァーグナーは楽劇に専心したのだが、ブラームスはそうした道につくことを潔しとせず、「あの巨人の足音をいつも背中にききながら」、ついにベートーヴェン以後本当に交響曲らしい交響曲で、しかもそこに新しいロマン的詩精神をもりこんだ作品の創造に成功したのである。全曲の構成はあくまで古典的な堂々たる手法によっているが、そこに彼独自の抒情性が渾然ととけこみ、管弦楽法も、けっして派手ではないが、高邁な楽風にふさわしい威容をもっている。

　第一楽章はハ短調、ソナタ形式。長い重い導入部につづき、苛酷な運命との闘争を思わせるような音楽が奏される。この主題発展の手法は、ベートーヴェンのそれに匹敵するほどの熟練と創意にみちている。

　第二楽章はゆったりしたアンダンテ、ホ長調。ここではブラームスの渋くてしかも美しい抒情味があますことなく展開される。結び近くのヴァイオリンが独奏する旋律が美しい。

　第三楽章は優雅な舞曲風のアレグレット、変イ長調。ベートーヴェン流のスケルツォを避け、第一楽章の苦闘と、来たるべき終楽章の緊張との間におかれた和やかな舞曲的エピソード。

　第四楽章はハ短調に戻り、速すぎぬアレグロ、それに先立つ長いアダージョの導入部がある。この導入部にもられた悲壮な緊張は、ほかに比べるものがないくらいの息苦しいまでの生々《なまなま》しさにみちている。そうしてこの緊張が頂点に達した時に突然鳴りひびくホルンの動機は、ベートーヴェンの『第五交響曲』のスケルツォから終楽章へ導くあの感動的な個所とともに、息づまる緊張とその燦然たる解放の感じを実現した、最もめざましい例であろう。つづくアレグロ（ハ長調）の主題は、初演の時ベートーーヴェンの『第九交響曲』の〈歓喜の歌〉に似ているといって非難された。ブラームスはそれをきいて、「そんなことは驢馬にだって分かるさ」と答えたという。もちろんブラームスは、驢馬には分からないようなものをこの曲によって表現していたのである。曲は提示部、展開部、再現部と正規の順ですすむ。

ブラームスは、このほかに三つの交響曲をかいた。また彼の協奏曲（ピアノ協奏曲二、ヴァイオリン協奏曲、ヴァイオリンとチェロのための二重協奏曲各一）も傑作として名高いし、多くの室内楽（弦楽四重奏曲、クラリネット五重奏曲等）や歌曲にも名作が数多い。ピアノではさすがにベートーヴェンのソナタにおよびがたいと考えたのか、若い時に三曲かいただけで、円熟してからは、間奏曲、奇想曲、狂詩曲といったたぐいの小曲しかかいていない。しかし、その中には諦観と回想の色を濃く反映した渋いけれども、緊密な織地をもった佳作がちりばめられている。ほかに、ドイツ語による『レクイエム』も有名である。これは一八六八年、母親の死をいたんで作曲されたもので、シューマンの讃辞以来とかく賛否半ばしていたブラームスの名声も、この一作によってほぼゆるぎないものになったといわれる。

## *36* サン＝サーンス『ピアノ協奏曲第二番ト短調』（作品二二）

Charles Camille Saint-Saëns（1835－1921）

サン＝サーンスは非常に早熟な音楽家の一人で、幼い時から恐ろしく鋭い聴覚と強い記憶力に恵まれていたうえに、音楽に対する異常な感性と知識欲とをもっていた。ピアニストとしてデビューしたのは十一歳の時だが、翌年にはパリ音楽院に入った。わずか十六歳で『第一交響曲』を作曲している。その後、パリのマドレーヌ教会のオルガニストを経て母校作曲科の教授となった。彼は、作曲や教授に寧日のない生活を送りながらも、当時屈指の名ピアニストとして遠くロシアやアメリカにまで足跡を残したが、アルジェリアに旅行中、八十六歳で長逝した。

サン＝サーンスは、前にのべたフランクとともにフランス近代音楽の父といわれているし、事実彼の残した功績はほぼフランクのそれと並べられる。ただ少し大胆にいえば、彼は慎重で晩成型のフランクに比べ、若いときからずば抜けた楽才にひきずり廻された観がなくもない。ありあまる天賦を浪費したといえば酷だが、彼の膨大な作品の量に比べて、今日演奏されるものがあまり多くないのはそのためではなかろうか。作品は、交響曲、多くの協奏曲、室内楽、交響詩、オペラ、その他ほとんどあらゆる領域におよんでいる。そうはいってもサン＝サーンスは、それまでオペラに主眼が置かれていたフランスにいて、ドイツ風の理知的で重厚な構成感に根ざし、しかもいかにもフランス風の洗練と官能美をもった作品をかいたのであって、フランクとともに彼が出現して以来、少なくともフランスの器楽は面目を一新した。そうして彼の作曲は、フランクの作品よりもいっそうフランス的な明快さをもっていたので、より早く理解されたようだ。それに彼は音楽の描写的な力に対し鋭い感性をもっていたし、より甘美な旋律を絢爛たる管弦楽の衣裳でつつむ点でも並々ならぬ天分をもっていた。『死の舞踏』とか『動物の謝肉祭』とか、リストばりのちょっとした思いつきにすぎぬ材料から、非常に効果的なたのしい音楽を作り出すのに成功している。

こうした彼の広汎な作曲のなかで、一番成功したのは協奏曲の分野ではなかろうか。『第二』『第四』『第五ピアノ協奏曲』『第三ヴァイオリン協奏曲』などは、数ある近代的協奏曲の中でも第一級の名作である。そこには潑剌とした感覚、形式の完備、技巧の新鮮などが輝いているうえに、堂に入った大家の風格がある。

ここにとった『ピアノ協奏曲第二番ト短調』は一八六八年に作られた。ロシアの大ピアニスト、アントン・ルビンシテインから、パリで開く演奏会のために注文され、十七日間で完成したとつたえられる。

モーツァルト以来の伝統をふんで三楽章からなっているが、非常に独創的な構成をとり、第一楽章はアンダンテ・ソステヌートで、バッハの前奏曲かトッカータを思わせるような自由なピアノの独奏部にはじまる。ついで主題が管弦楽とピアノの間で交互に扱われるが、その扱いは対照にとんだ華やかなものだ。それから初めと同じくピアノの自由なソロが戻ってきて結ぶ。

第二楽章も大胆な楽式をとり、スケルツォ風のアレグロ（変ホ長調、八分の六拍子）となっている。旋律も美しいが、ことにリズムがニュアンスにとんでいて面白い。ここの管弦楽部の作法は一際あざやかだ。主題は二つあり、一方は分散和音風に上昇し、一方はピアノの刻む印象的なリズムに誘われてヴィオラとチェロが歌う。

第三楽章はプレストのソナタ形式。ピアノと管弦楽が、漣《さざなみ》のような三連符の連続でかけ合ってから、タランテラ舞曲の性格をもった主題が奏される。ピアノのユニゾンで奏される第二主題はニ短調でさかんにトリラーが使われるが、このトリラーが展開部で重要な役目を負う。曲は流暢に流れるが、全曲中ではここが一番見劣りするようだ。それは展開部での主題の扱いがやや皮相的なためのような気がする。

## *37* ビゼー『カルメン』

Georges Bizet（1838–1875）

幾度かふれてきたように、十九世紀のフランス音楽はオペラ万能だったが、この中で一際すぐれた作品といえばまずこの『カルメン』を挙げるべきだろう。これを作曲したビゼーは、パリに生まれ、音楽院を卒業、一八五七年「ローマ大賞」を獲得した。作曲の多くはオペラか、演劇につけた音楽（『アルルの女』）であるが、他に交響曲や、交響組曲などもある。

しかし彼の長所は、何よりも音楽の劇的な扱い方の優秀な点にあり、ことに近東や南欧に取材した地方色の濃厚なものに向かうと、きびきびしたリズムと旋律の率直な描出、大胆で効果的な管弦楽法等の特長を生かして、比類のない輝きと若さにみちた音楽をかいた。『カルメン』は、フランスの文学者プロスペール・メリメの同名の小説をもとに、メイラックとアレヴィが脚色したもので、スペインに巣喰うジプシーにからむ物語である。ビゼーはそこに、スペインやジプシーのリズムや旋律の癖を、十分にとり入れた音楽をかいた。この音楽は生々《なまなま》しい野性的な香りがぷんぷんする。それに仕草、科白のほか、オペラ全体のスタイルが高度にリアリスティックだし、筋の運びは、さすがに文体の彫琢構成の緊密で鳴る一代の名小説家の手になるものを土台とした一分の隙も無駄もないものなので、今日ではオペラ中のオペラの一つに数えられている。しかし一八七五年パリのオペラ・コミック座で行なわれた初演の時には、かえってそのために、今までのオペラに馴れていた聴衆から嫌われて失敗した。可哀想なビゼーはそれにすっかり落胆し、三カ月後まだ三十七歳の若さで死んでしまったという話である。

第一幕はセビーリャの町の広場で伍長のドン・ホセが兵舎の前に腰かけていると、タバコ工場の女工たちがぞろぞろやってくる。なかでも一際目立つ美貌で放縦なカルメンがホセに目をつけ、真紅なカシヤの花を投げつける。投げながら歌うのが有名な「恋は野の鳥、嫌ならば来ない」にはじまるあの〈ハバネラの歌〉である。そこへホセの許嫁《いいなずけ》のミカエラが田舎の母からの手紙を渡しに来てホセと美しい二重唱を歌う。その間にカルメンは工場で仲間と喧嘩をしたあげく、殺人の廉《かど》で逮捕される。ホセが命じられて留置所につれてゆくが、途中で誘惑されて逃がしてしまい、模範兵士で親孝行の彼があろうことか営倉に入れられてしまう。

第二幕は町はずれの酒場。カルメンが仲間のジプシーと歌ったり踊ったりしているところへ〈ジプシーの歌〉、闘牛士の花形エスカミーロが来て〈闘牛士の歌〉を歌い、カルメンを誘う。その後で営倉から出たホセが来ると、カルメンが密輸入者の仲間に引き入れようとさかんに口説く。そのうち帰営のラッパが鳴る。そのラッパの音に腰を上げるホセを、やるまいとしてカルメンが、カスタネットに合わせて野性的な恋のいざないを示威するように踊る。その唄はラッパの音を巧みに圧倒しながら、ついにホセの心を捉えてしまう。ここの処理は音楽的にも実によくできていて、きくたびに心を動かされる。

第三幕は山峡のジプシーの洞窟。陰鬱な合唱。カルタで占う女たち。そこへ今はジプシーの仲間になってしまったホセを探して、ミカエラが訪れ、心痛に病みはてた故郷の母の許《もと》へ帰るように勧める。彼女のホセの改心を神に祈る唄は、清らかで美しい。その時エスカミーロもカルメンをつれに来て、ホセと烈しい争闘がはじまる。とどのつまりホセはミカエラとともに山を下る。

第四幕は晴れの闘牛日を迎えた闘牛場へ、エスカミーロが意気揚々と乗りこむところからはじまる。つづいてカルメンが入ろうとすると、突然ホセが姿を現わし、もう一度自分の腕に戻ってくれと懇願する。しかしカルメンに手厳しく罵倒され、今はこれまでと、隠しもった短刀をカルメンの胸元深く刺しこむ。舞台裏では闘牛士の手腕に歓呼を浴びせる闘牛場内の民衆のどよめきが一際高まる。

若い頃熱狂的なヴァーグナー派だった哲学者のニーチェは、のち猛烈な反ヴァーグナー派になった人だが、『カルメン』について、こんなふうにかいている。「この作品で人は湿っぽい北方のヴァーグナー的理想の瘴気から別れる。この晴れやかさはアフリカ的だ。その幸福は短く、唐突で、御免との会釈もしない。ヨーロッパの教養ある音楽がかつて語る言葉をもたなかったこの南方的な感受性……音楽を地中海化せねばならぬ。自然、健康、晴朗、若さ、徳への復帰！」

## *38* ムソルグスキー『展覧会の絵』

Modest Petrovich Mussorgsky（1839－1881）

ロシア国民楽派の中でも一際異彩を放つムソルグスキーは、ロシアの田舎の小貴族の家に生まれたが、音楽的な両親をもち、母からピアノを教えられた。長じて陸軍士官となったが、その頃の彼は連隊随一の伊達者で、すぐれたピアノの手腕とともに快いバリトンの声をもっていたので、仲間でも幅利きだった。しかし国民楽派の長老ダルゴムイシスキーを知ってから、しだいに音楽に真剣になり、ついにリムスキー＝コルサコフやボロディンなどの友人の反対をふりきって軍職を退いてしまった。ムソルグスキーには確信も自信もあったのだが、何分その頃のロシアには作曲家の生活する社会的基盤がなかった。彼はしばらく小役人をしたり、歌手のピアノ伴奏をしたりして、僅かに糊口をうるおしながら作曲していたが、ついに恐ろしい貧困のうちに死んでしまった。

ムソルグスキーはいわゆるロシア雑階級出身の芸術家で、十九世紀の六〇年代の理想と現実のくいちがいを一身に象徴するような音楽家だった。友人への手紙の中で、「人間性つまり民衆の最も微妙な側面を真剣に研究し、彼らにしたがって未知の領域まで下りそれを同化する――これこそ芸術家の真の天職だと思う。人類のために今まで閑却されていた健康な食物を提供すること――そこに芸術のすべての課題がある」と書いている。そのために彼は、芸術の中に美よりも真実を求め表現しようとした。それゆえ彼の芸術はいろいろ未解決の問題を含んでいるが、それだけに将来多くの示唆を投げるものとなった。

彼の作品にはオペラ『ボリス・ゴドゥノフ』『ホヴァンシチナ』、歌曲集『子供部屋』などがあるが、ここではピアノ組曲『展覧会の絵』をとった。一八七四年の夏、彼の亡き親友で建築家のヴィクトル・ハルトマンを記念して水彩画や製図の展覧会が開かれたことがあったが、ムソルグスキーはこれから霊感を得て、この曲をかいたといわれる。曲は、〈散歩〉と呼ばれる短い序奏にはじまり、一四曲の画面に相当する曲が集められている。この〈散歩〉は自由な形で変奏され、思い出に耽ける彼の姿を写すとともに間奏曲の役をする。シューマンの『謝肉祭』と同じ趣向の曲だが、音楽そのものもピアノ作法も、もっと野性的で大胆だ。それにこの頃の彼は創作力も旺盛だったので、充実した気魄にみちている。

〈こびと〉一寸法師が短い鰐足でびっこをひきながらゆく。次は〈古城〉。時は中世、吟遊詩人が憂鬱なバラードを歌う。〈テュイルリーの庭〉パリの公園風景。遊んでいる子供たち。〈牛車〉ポーランド名物の大きな牛車のきしみ。馭者が歌うのか、古い教会調のふしが聞こえる。〈殼から出きらぬひよこのバレエ〉ムソルグスキーの『スケルツィーノ』によるバレエを上演する際に、ハルトマンが描いた衣裳の図案に因《ちな》んだ。〈サムエル・ゴールデンベルクとシュムイレ〉二人のユダヤ人。肥りすぎて口を利くのも大儀そうな金持と、やせてたえず疳《かん》高い声でしゃべる貧乏人の対比。ムソルグスキーの諷刺的な天才の一例。〈リモージュの市場〉。〈カタコンブ〉地下の深く大きな墓地。手稿には「ハルトマンの創造精神に導かれて、私は髑髏の傍《かたわら》にゆき、よびかける——髑髏は仄かに光る」とかきこんである。次は〈ババ・ヤーガの小屋〉。プーシキンの詩『ルスランとリュドミーラ』の序文にある民謡の魔女、魔女の騎行をしのばすスケルツォ。トリオの奇妙な和声のためらうような旋律を意味するのか？　終曲の〈キエフの大門〉は、ハルトマンの残した建築の設計図によるもので、すさまじいオクターヴの音階と、重々しい和音の連続。これはやや手法としては幼稚だが、このほかの曲にみるピアノの扱い方はきわめて新しい点が多く、この頃のロシア人のピアノ曲は一般にリスト張りの技巧を凝らし、しかもずっと野暮臭いものが多かったようだから、この曲をきけば、いかに彼の真率さと見識が時流を遥かに抜いていたかがよく分かる。

なおこの曲は、フランス印象派の大家ラヴェルが見事な管弦楽用音楽に編曲している。

## 39　チャイコフスキー『交響曲第六番ロ短調　悲愴』（作品七四）

Pyotr Ilyich Tchaikovsky（1840－1893）

チャイコフスキーは初め司法省の役人をしていたが、しだいに音楽に対する関心が真剣なものとなり、一八六三年に役所を止めてしまった。一八六六年、ニコライ・ルビンシテインがモスクワに音楽院を創設した時、招かれて作曲科教授になった。ここは当時ペテルブルクに拠っていた国民楽派の人びとに対立して、西欧のアカデミックな楽風の牙城となったところである。その後、メックという金持の未亡人から莫大な年金を支給され、自由な作曲生活を送ることができるようになった。彼は内気で極端に感じやすい人だったらしく、とかく気分もすぐれず健康も害《そこな》われがちだったが、生涯に十曲のオペラ、六曲の交響曲をはじめ、ピアノ協奏曲、ヴァイオリン協奏曲、バレエ音楽『白鳥の湖』のほか多くの大作をかいた。作品がしだいに西欧にも知られるようになると、自作を指揮して、西欧都市を旅して歩き、遠くアメリカまで渡った。

チャイコフスキーはイタリアのオペラを愛し、モーツァルトを崇拝するといったふうに、西欧的な様式美に憧れる傾向があり、作品にもそれが反映したので、国民楽派の人たちからは西欧的だとか、折衷的だとか非難されたようだが、今日ではフランスを除く他のどの国でも、十九世紀ロシアの代表的大音楽家として迎えられている。

ここにあげた『交響曲第六番』は彼の最後の作品である。一八九三年八月に完成し、十月にペテルブルクで作曲家自身の指揮によって初演された。評判はよくなかったが、彼は「自分の作品の中で最もすぐれたものだし、これほど自分のありのままの気持を表わしたものもないし、これほど愛したものもない」といった。この曲は『悲愴』と呼ばれる。初め彼は「これは標題楽だが、標題はつけずにおく」といっていたが、のち弟と相談して『悲愴』と名づけたといわれる。

第一楽章はロ短調のソナタ形式。まず速度が頻《しき》りに変わるところに特徴がある。初めはアダージョで、低音の弦楽器にのって、ファゴットが暗く無力な感じのふしを吹く。一度アレグロに高まってから、弱音器付きのヴァイオリンとヴィオラによって二長調の甘美な歌謡風の第二主題が奏される。こんなふうに、主要な表情的な旋律は、主として遅い速度で出てくるし、劇的な盛上がりやつなぎは速く器楽的な形で奏され、大きな対照を作っている点などに、この楽章のやや通俗的な魅力の根拠の一つがあるのであろう。

第二楽章は優美なアレグロの歌謡形式。ニ長調で四分の五という珍しい拍子をもつ。ややスケルツォがかってもいるが、劇的というよりは抒情的な音楽である。

第三楽章はきわめて速いアレグロ。ト長調、八分の十二拍子。第一部ははっきりとスケルツォ。第二部はマーチ。それがもう一度ずつくり返される。この曲の管弦楽法は巧妙を極めているが、ここでも大家の熟練が軽快に曲をかき上げてゆく。

第四楽章はまた初めの陰鬱で悲痛な感じに戻り、ロ短調の悶えるようなアダージョではじまる、歌謡風の三部形式。速度は頻《しき》りと変わるが、第一楽章のようなアレグロはもう戻ってこない。曲はどこまでも暗いまま、弦の最弱奏でもって消えるように終わる。

こんなに遅くて暗く絶望的な詠嘆に終わる交響曲は、おそらくこれがはじめてであろう。チャイコフスキーは、この曲の初演奏後数日を出ないでコレラにかかり死んでしまった。そのためによけい、この交響曲をきいた後に残る暗い絶望的な印象が一種予言的な、伝説的な雰囲気をもって、われわれに迫ってくるような無気味さを帯びてくる。もっともチャイコフスキーは交響曲を六曲かいたが、長調の曲は『第三番』ただ一つで、あとはみなト短調、ハ短調、へ短調、ホ短調と短調でばかりかいた。その中でも『第四』『第五番』の交響曲は『第六番』とともによく演奏されるが、それ以前の交響曲はこのごろの演奏会ではほとんどきかれない。

## 40 チャイコフスキー『くるみ割り人形』（作品七一）

前にふれたように、チャイコフスキーには『白鳥の湖』『眠れる森の美女』などバレエのための美しい音楽がいくつかある。ことに『白鳥の湖』は、終戦後、日本でも幾度か公演されて、馴染ぶかいものになっているが、音楽としてはここにとった『くるみ割り人形』のほうが興味深くかかれているように思われる。

この音楽は一八九一年七月に着手され、翌年の三月に完成され、その年のクリスマスにペテルブルクで初演された。その時バレエをふりつけたのはプティパという人で、これはロシアの古典バレエの歴史上、逸すべからざる功績を残した人である。このバレエそのものは、いろいろな理由で成功というわけにゆかなかったらしいが、作曲者自身がその重要な部分を抜萃して管弦楽用「組曲」として作り直した音楽のほうは、初演当時から大変な好評で、今日にいたるまで人気を保っている。

バレエのほうは僕もみたわけでなし、その筋を細かくかいても仕方がないが、一応どんな場面の音楽か知っておくのもむだではあるまいから簡単にのべておくと、これはドイツの小説家E・T・A・ホフマンの童話『くるみ割り人形と二十日鼠の王様』

によったもので、クリスマスの夜、子供がくるみ割り人形をプレゼントとしてもらう。ところが深夜、人がねしずまってから、二十日鼠があちこちから出てきて、人形や鉛の兵隊との間に戦いがはじまる。子供の加勢で鼠どもが撃退されると、人形は突然美しい王子に変わり、子供をお伽の国へつれてゆく。そこにはありとあらゆるお菓子や御馳走があり、多くのお菓子たちが子供に歓迎の踊りを踊るというようなお膳立になっている。

組曲の音楽は、主として、このお菓子の国へ行ってからの踊りからとられている。第一楽章は「小さな序曲」。クリスマスをよろこんではねまわる陽気な子供たちのさまを思わせるような陽気な曲。形式は展開部をはぶいたソナタと考えられよう。第一主題に組み合わされて、ヴィオラとフリュートがかけ合いで奏される旋律の動きが印象的である。

第二楽章は六つの「特徴のある舞曲」からなり、最初は「行進曲」でトランペットとクラリネットが、玩具の軍隊の行進曲を奏する。同じ旋律が何度も何度もあきずにくり返されるが、真面目くさって行進する玩具どもの姿が実にユーモラスにかけている。

第二曲は「金米糖の精の踊り」でホ短調のアンダンテとしてかかれ、クラリネットの助奏で、チェレスタ（薄い金属片を音階順にならべ、鍵盤でたたいてならす楽器）

がさかんに活躍する。ここのふしは、簡単でいながら淡いペーソスをもっていて、一度きいたら忘れられない。

第三曲は「トレパック」(四分の二拍子のきわめて速いロシア郷土舞踊)。チョコレートの踊り。

第四曲は「アラビアの踊り」。コーヒーの精をあらわしているのだそうだ。ト短調のアレグレットで、イングリッシュ・ホルンがもの憂く、やるせないようなふしをふき、低音楽器は一貫して主音のソをならしつづける。

第五曲は「シナの踊り」、これはお茶の精。非常に美しく、ピッコロのすばやく上下するさま、クラリネットのアルペッジョが印象に残る。

第六曲は葦笛を模した紙製の笛、「ミリトンの踊り」。三本のフリュートの協奏に、弦がピッツィカートで伴奏する。跳ね踊りだ。

第三楽章は「花々のワルツ」。花という花が踊り、玩具もお菓子もその優雅なワルツの調子にのって踊り出す。甘美で優艶で感傷的なワルツ。

以上を通じて、いかに子供の世界をかいても、常に甘い感傷味の混じるチャイコフスキーの音楽に嫌味を覚える人もあるだろうが、ともかくも旋律の発明力と、管弦楽を自在に駆使して、本当に造花や玩具のような一種人工的な甘美な音の世界を作り出す手腕についてはどんな人も感心しないではいられないだろう。

また総じて、ロシアの音楽家には、こうしたバレエ音楽に対する比類のない適合性と発明力がある。肉体的なリズム感と、音の色彩的な効果に対する天分が特に発達しているのであろうか。この点、プロコフィエフ、ハチャトゥリアンら現代ソヴィエトの代表的作曲家も、完全に民族的伝統の子であるといえる。

## 41　ドヴォルジャーク『交響曲第九番ホ短調　新世界より』（作品九五）

Antonín Leopold Dvořák（1841–1904）

ドヴォルジャークは、ボヘミアの田舎に生まれた。肉屋で旅館を兼業していた父は、息子がかなりの楽才をみせているにもかかわらず、ずいぶん後になるまで音楽家になることを許さなかった。しかし教育には熱心だったので、ドヴォルジャークは各地の学校へ通いながら音楽を勉強した。その後プラハに国民歌劇場が出来たので、彼はその管弦楽団で働き作曲に精進した。そうしてチェコ民族音楽の最大の大立者スメタナを知り、ブラームスに認められるなどして、しだいに地歩を高めていった。一九〇一年、プラハの国立音楽院の院長に就任したが三年の後急逝した。

ドヴォルジャークの作品にはオペラやカンタータなどもあるが、最も広く知られているのは、交響曲、室内楽、歌曲、スラヴ舞曲などであろう。

十九世紀の中葉以来、ヨーロッパ音楽はいわゆる民族音楽の勃興によって、それまでのイタリア・ドイツ・フランスのほかに、ロシア、スカンジナビア、ボヘミア等の各地からぞくぞく新しい音楽が生まれるようになった。ドヴォルジャークもその民族音楽家中最も自然な天分に豊かにめぐまれた一人である。

彼の音楽はボヘミアの豊かな民謡に培われ、地方色にとんだ旋律とリズム、色彩的な管弦楽の扱いなどを特徴としているが、伝統的な楽式を消化する力も強く、高い構成力とスタイルを必要とする弦楽四重奏とか、ピアノ五重奏にも名作を残している。しかもそこではドゥムカ（ボヘミアの悲歌調）、フリアント（同じく民族的な烈しい舞曲）などの地方色の濃い音楽が、伝統的な形式の中によく融合されている。

ドヴォルジャークは一八九二年アメリカにわたり、九五年の四月までニューヨークの音楽学校の校長をつとめた。ここにとった『交響曲第九番ホ短調』はその頃作曲されたものである。『新世界』というのはもちろんアメリカを指している。だが、ただアメリカで書かれたというだけでなく、この曲には黒人の聖歌の旋律の影響が大きな役割をしめている。したがってこれもやはり民族音楽的な考えに基づくものということができよう。

第一楽章はおそくて非常な緊張を感じさす導入部にはじまり、アレグロ・モルトのソナタ形式の主要部がくる。ホルンのはっきりした第一主題、フリュートとオーボエの、半音の導音のない珍しいふしが現われる。

第二楽章は瞑想的なラルゴ。低音の木管と金管だけで作られた初めの和音は底知れぬ穴にひきこんでゆくような暗い力をもつ。ついでイングリッシュ・ホルンが誘い出す主題は魂の故郷を求める黒人の歌であろうか。この楽章の中間部は、それと対照をなすいろいろな断章から出来ている。

第三楽章はスケルツォ。はぎれよく流暢な管弦楽法を施されたこの楽章は、ベートーヴェン以来のめぼしいスケルツォであろう。熱狂的な感情が奔放に発揮される。

第四章は火のようなアレグロ。すさまじい野蛮なたたかいから帰った黒人の凱旋の祭のようだ。総じてこの曲に出てくる旋律は、一度きいたら容易に忘れられぬくらい率直に明確につくられかつ巧妙に提出されている。

ドヴォルジャークの曲では『第七』『第八交響曲』もときどき演奏されるし、私は『第八番』もとても好きだ。その他『チェロ協奏曲』も名品とされ、『ジプシーの歌』その他の歌曲もよく歌われる。

## *42* グリーク『ペール・ギュント』第一組曲

Edvard Hagerup Grieg（1843－1907）

グリークはノルウェーに生まれ、ライプツィヒ音楽院に学んだ。当時のライプツィヒはメンデルスゾーンの保守的ロマン主義の遺風をのこしていたので、グリークもその影響をうけた。が、故国へかえってからしだいに北欧的な審美感を強く意識するようになり、民族的傾向の強い作風に変わった。一八七一年オスローに音楽協会を創立し、しばらくその主導者となっていたが、のちそこを辞してからは故郷のベルゲンの郊外に住み、大陸やイギリスにときどき演奏旅行に出かけるほかは創作三昧の日を送った。

グリークはこうして北欧民族音楽を代表する作曲家であるが、作品は抒情的な歌やピアノの小曲が大半を占めている。しかし彼は、またいくつかのヴァイオリン・ソナタやチェロ・ソナタ、弦楽四重奏等の室内楽もかいている。そのほか『イ短調ピアノ協奏曲』は一八六八年コペンハーゲンで、ネウパルトが独奏部をひいて初演して以来、今でもしばしば演奏される代表作である。交響組曲『ホルベア組曲』も彼の大作に属する。

ここにとった『ペール・ギュント組曲』は、同じノルウェー生まれの劇作家ヘンリック・イプセンの同名の劇の上演のためにかかれた音楽の中から、抜萃して組曲にしたものである。初めは作品二三としてピアノ連弾用に編曲して出版されたが、後に自分で管弦楽用に編曲し直した。これまた非常に好評だったのでさらに『第二番組曲』(作品五五)も出版された(有名な『ソルヴェーグの歌』はこの中にある)。

第一番組曲は四曲からなっている。

第一曲は「夜明け」と題され、ペール・ギュントが婚礼の席からひきさらって来た花嫁のイングリッドと一緒に、夜通し山を登ってくると夜が明ける、その情景につけたもの。全曲に牧歌的な気分が漲《みなぎ》り、フリュートとオーボエがホ長調で、しばらくゆれるようなふしを吹き合う。そのうちに日は高く上り、弦が奏する旋律が一段と輝きをます。中間部はやや暗い嬰ハ短調。その後も色調は暗くなったり明るくなったり、しきりと変わり、慌《あわただ》しい北国の山頂の雲の往来と、劇中の人物の興奮をつたえる。

第二曲は咏嘆のアンダンテ。「オーゼの死」とよばれているが、ペールの母オーゼの死の情景を描いている。ロ短調の旋律が天上に憧れるかのようにしずかに向上する。次にその旋律が逆になって出て、老婆の死を悼むかのように奏される。ここでは弦楽器だけしか使われていない。

第三曲は「アニトラの踊り」。ペールはアフリカのモロッコで、美しい娘アニトラの妖しい魅力に捉えられ、それに酔った末、何もかも身ぐるみはぎとられてしまう。この曲は、アニトラの単調で物狂おしい踊りの伴奏の部分。「マズルカのテンポ」と指定されたイ短調の三拍子。ここも弦楽器だけ。三部形式で中間がややゆるやかになる。

終曲は「山の魔王の広間で」と題され、ロ短調の行進曲風の主題とその変奏。コントラバスがごく弱くはじまり、次にファゴットが出て、しばらくは両者が対話する。そのうちにしだいに楽器が増して、ついに熱狂の極に達する。

## *43* リムスキー゠コルサコフ『シェエラザード』（作品三五）

Nikolai Andreyevich Rimsky-Korsakov（1844－1908）

リムスキー゠コルサコフはロシアのノヴゴロト県に生まれた。六歳の時からピアノを習っていたが、その頃のロシアの上流社会の常として、音楽を職業とするなどとうてい考えられなかったので、まず海軍士官になった。しかし、一八六一年バラキレフを知り、ボロディン、ムソルグスキーと交わるようになるにつれ、本気で音楽に打ちこみ出し、ついにその翌年から六五年にかけての遠洋航海の途上で『交響曲』作品一をかいた。

バラキレフの指導もあったようだが、最初の作品が交響曲だなどという作曲家は世界に類があるまい。それにこれはまた、ロシア人のかいた最初の本格的交響曲でもあったのだそうである。こんなところに当時のロシア音楽がいかに若かったかがよく出ている。ついで交響詩『サトコ』、オペラ『プスコフの娘』などをかき、一八七一年ペテルブルク音楽院の作曲と管弦楽法の教授となったのを機会に軍職を退いた。

それからしばらく、いわゆるロシア五人組「バラキレフ、ボロディン、キュイ、ムソルグスキー、リムスキー゠コルサコフのグループ」の一人として華々しく活動した。しかし、そのうち自分の音楽教育の不完全なのを反省して、改めて厳格対位法やフーガの勉強をはじめ、以前の自分の作品に手を入れたりした。リムスキー゠コルサコフはその後も、ムソルグスキーの『ボリス』の管弦楽法を直し、ダルゴムイシスキーの『石の客』を校訂している。それの成否はともかく、リムスキー゠コルサコフの本格的な作曲技法に対する執着は注目すべく、後年、彼の門下からリャドフ、イッポリトフ゠イヴァノフ、グレチャニノフ、グラズノフ等の優秀な音楽的教養を基礎に、次の世代を背負い、今日のソ連楽壇の育ての親となった人びとが輩出したのは、彼のこの自覚に負うところが少なくなかろう。

リムスキー゠コルサコフには多くの民族色の豊かなオペラのほか、『スペイン奇想曲』のような管弦楽もあるが、彼の場合は、チャイコフスキーのロマン的な憂愁ともムソルグスキーの痛切な真実味の漲《みなぎ》る暗さともちがい、むしろ東方的な豪華な童話的な明朗さの側面を代表しているように感じられる。

ここにとった交響組曲『シェエラザード』もまた、そのような曲である。これは一八八八年の夏作曲され、評論家のスタソフに献げられた。総譜の扉には「アラビアのサルタン、シャリアールは、女の不実に憤慨して、処女と結婚しては翌日殺していた。しかし新しく王妃になったシェエラザードは、千一夜の間、夜ごとに面白い話をして、王の決心を引き延ばさせ、ついに残忍な復讐を思いとどまらせるのに成功した」とかいてある。つまり、これはアラビアン・ナイトとしてわれわれに親しい話を音楽化したのにほかならない。

第一楽章は「海とシンドバッドの船」、第二楽章は「カランダール王子の物語」、第三楽章は「若い王子と王女」、第四楽章は「バグダッドの祭、海、難破、終結」という表題をもっている。この組曲の構成の特徴は、話の筋が展開されるとともに、サルタンとその賢い王妃の主題がたえず挿入され、全曲に統一を与えている点にある。各楽章の形式は、非常に自由で、一口にいえば華麗な主題が少しずつ変化しながら、くり返しくり返し演奏されてゆくようなものである。

さて、冒頭に管弦楽の全奏で荒々しく出てくる主題は、復讐の念にもえるサルタンを表わし、ヴァイオリンが高音部でたおやかに婉麗に奏する旋律は、王妃を表わす主題であろう。サルタンが怒り狂うさまとか、なだめるような王妃の姿とか、いつもまことに多彩な効果的な管弦楽の手法で描かれている。これはヴァーグナーの示導動機の手法の応用ともいえようが、応用としても見事な着想である。

ロシアの作曲家たちは、グリンカ以来、ほとんど揃って管弦楽の色彩的な使用に並々ならぬ才能を示している。それはたとえてみれば赤、緑、黒、黄といった原色を、思い切って自由に組み合わせたような効果であって、渋い中間色や粋なニュアンスには、やや欠けるかもしれない。しかしこの曲のような東洋的な豪華さをもったメルヘンの世界をかくには、まことにふさわしいものといえよう。

## 44　フォレ『月の光』（作品四六の二）

Gabriel Urbain Fauré（1845－1924）

フォレは、フランク、サン＝サーンスにつぐフランス近代音楽の先輩である。フランク、ドビュッシーの間にあって、彼は革新的でしかも精緻なニュアンスにとんだ和声をあやつりながら、美しい抒情的な名曲を数多く残した。この天才的な四人のなかでも、一番素直に自分の天分にしたがって創作したのは、フォレだったのではあるまいか。手法上の大胆な実験や革命的な業績には乏しいかもしれぬが、抒情的に完璧な作品は多い。一八五四年から六五年までの実に十一年間をニデルメイエール音楽院で修業した後、七七年にマドレーヌ教会の礼拝堂指揮者からオルガニストとなり、さらに九五年パリ音楽院の作曲科教授、一九〇五年には同院長の重職についた。彼自身も、サン＝サーンスのような立派な先生に学んだが、門下からもケックラン、フロラン・シュミット、ラヴェル、ロジェ＝デュカスというような近代フランス音楽の錚々たる音楽家を出している。

彼の作品には宗教音楽（特に『レクイエム』が傑作）、オペラ、ヴァイオリン協奏曲、交響曲のような大作や、ヴァイオリン・ソナタ、ピアノ四重奏、同五重奏のような室内楽、ピアノ独奏曲（即興曲、夜想曲、舟唄その他）等一二〇曲ほどあるが、そこを一貫する特性は、今いったすぐれた抒情性と、精緻な和声法であろう。そうしたいわば新しいフランスのシューマンともいうべき特質からいって、彼の歌曲にとりわけ名作が多いのも当然であろう。

ここにとった『月の光』は一八八七年に書かれ、象徴派の詩人ポール・ヴェルレーヌの詩集『みやびやかな宴』のなかの同じ題の詩につけられたのである。詩は四行ずつ三節からなり、その大意は「お前の魂は、とりどりの仮面をつけた人びとが踊りながらしかもやや悲しげに通ってゆく風景のようだ。彼らは単調で、恋と生命のはかなさを歌っているが、自分らの幸福を信じているとも思われず、その歌声も月の光の中にとけ込んでゆく。月の光は悲しげに青ざめ、梢の小鳥を夢みさせ、大理石にとりまかれた噴水に陶酔のあまりの泣き声を立てさせる」といったふうのものだが、ヴァトーの絵にでもありそうな、仄暗くもの憂い官能と詩情にみちた、月の夜の雰囲気の漂う名篇である。

この詩はドビュッシーも作曲しており、それもまた逸品であるが、フォレの曲は詩の柔らかな調律により忠実で、詩に素直に身をまかせきってしまい、自らその雰囲気を彷彿たらしめようとする態度で書かれている。速さはアレグレットに近いアンダンテ。四分の三拍子の変ロ短調。伴奏が何気なく歌いだすが、その特徴のあるリズムは、全曲を一貫して支配する。詩の第一節が変ニ長調で終わると、短い伴奏がまた初めの短調につれもどす。その時は冒頭のテンポを倍にしただけの動機を使って、なだらかに復帰さす。第三節の初めで、変ト音を基としたアルペッジョが円い輪を描くように噴き上がっては落ちてゆく。最後のフレーズの「大理石の中で」の時、伴奏の動きがしばしばやみ、歌の終わるのをまって、おもむろに冒頭の形を回想させながら終わる手法も心憎いばかりによく出来ている。こういった構成は少しもめずらしくはないのだが、実に音楽的だとでもいうほかはないような美しさをもっている。

フォレには、他に同じくヴェルレーヌの詩による歌曲集『やさしき歌』（ボン・シャンソン）以下、晩年の傑作『閉ざされし庭』『幻の水平線』にいたる九七曲の独唱曲がある。

## *45* プッチーニ『お蝶夫人』

Giacomo Antonio Domenico Michele Secondo Maria Puccini（1858－1924）

プッチーニは一世紀半にわたり代々音楽家の家系に生まれた。イタリア王妃の奨学金を得てミラノ音楽院に入り、有名なオペラ『ジョコンダ』の作曲者ポンキエッリに学んだが、在学中から『交響的奇想曲』をかいて好評を得たくらいの才人だった。しかし彼が天分あるオペラ作曲家としての地位を確立したのは、一八九六年トリノで初演された『ラ・ボエーム』からで、ついで『トスカ』をかき、『お蝶夫人』をかくにおよんで、ヴェルディの後をつぐイタリア・オペラ界の第一人者となった。

プッチーニの頃には、ちょうどイタリアにはレオンカヴァッロの『道化師』とか、マスカーニの『カヴァレリア・ルスチカーナ』とかいうような、自然主義的な態度でオペラをかこうとする運動がさかんだった。普通この主張は写実派（ヴェリズモ）とよばれている。そこでは、音楽は劇の人物の性格なり環境なりに出来るだけそうように作られ、何でもかでも美しい旋律でつなごうとはせず、管弦楽の描写的な役割もいっそう重視され、必要とあればかなり大胆な不協和音をどしどし使い、騒音的効果も辞さない。

プッチーニはこの運動にかなり影響されたらしい。だから「プッチーニの音楽は（それ自体ではたいした価値がなく）、どこまでも劇の筋ときりはなせないもので」という批評はむしろ彼の思う壺だったろう。

とはいえ彼の抒情的な旋律の発明力は豊かで、往々劇の必然からはみ出す。それに彼の音楽にはかなり近代的な半音階的手法や不協和音の巧みな用法等がみられ、当時のイタリア・オペラとしては進んだものだった。もちろん不協和音といっても、彼特有の甘美な音感によって、他の人の場合よりもずっと和らげられているだけに、それがいっそう人をひきつける魅力になっていることも見逃せないが。彼の音楽は深くはないかもしれないが、けっして陳腐ではないのである。

『お蝶夫人』はジョン・ルッター・ロングの小説を基に、作曲者とダヴィッド・ベラスコが脚色した台本によりかかれ、一九〇四年、ミラノのスカラ座で初演された。オペラの筋は誰でも知っている。長崎の芸者で可憐なお蝶さんは、望まれてアメリカ士官と結婚し、彼が帰国した三年の間を待ちつづけたが、いざ彼を迎えてみるとアメリカで結婚した新妻を連れて来たので、恥に死ぬのは恥に生きるよりもましだといって自害してしまう。

プッチーニは情景を長崎にとり、明治初年の日本の民俗音楽をいくつもとりいれた。『かっぽれ』が子守唄に使われたり、『越後獅子』がお蝶さんの身の上話をする時の旋律になったり、『推量節』が自殺の場に使われたり、われわれからみると、少々まごつくところもある。そのほか『お江戸日本橋』『宮さん宮さん』『君が代』なども挿入されている。しかしオペラの歌として名高いのは、お蝶さんが夫の帰りを待ちわびて歌う「ある晴れた日に」のアリア、士官の「夢を重ねし家よさらば」などであろう。また港に船が入ったと知ってお蝶さんが、港に面した障子の前に坐り、一夜まんじりともせず待ち受けていると、しだいに深まる夜の彼方から合唱のハミングがかすかにきこえてくるシーンも、印象に残る。

## *46* ヴォルフ『隠栖』

Hugo Wolf（1860－1903）

ヴォルフは、シューベルト、シューマン、ブラームスと発展してきたドイツ歌曲の歴史に新しい一ページを印した音楽家である。ヴィーンの音楽院に学んだが、校長の忌諱《きき》にふれて放校され、貧しい生活の中でほとんど独学で作曲した。一八七五年、ヴァーグナーの『タンホイザー』をきいて、熱烈なヴァーグナー党になり、新聞批評などでブラームスらの古典派に手きびしい攻撃を加えた。

初めは弦楽四重奏や交響詩『ペンテジレア』などもかいたが、一八八八年二十八歳の時、勃然《ぼつぜん》として歌曲がかきたくなり、日に二、三曲という早さで第一級の歌曲をどしどしかいた。

ある期間一人の詩人に打ちこんで作曲すると、その後またしばらく何もかけなくなるというのがヴォルフの創作ぶりの不思議な特徴で、何度かそうした苦しみを味わいながら、メーリケ、アイヘンドルフ、ゲーテ、ハイゼ、ミケランジェロなどの詩に作曲し、のちにはオペラも二曲かいたが、強度の強迫観念に苦しんだすえ、一八九七年発狂し、短い不幸な生涯を終えた。

シューベルトの旋律美と写実的な伴奏をもった歌曲、シューマンの心理的で文学的な歌曲、ブラームスの純粋に音楽的な旋律美を生かした歌曲というふうに、大きく特徴をとって並べてみると、ヴォルフの歌曲は、そこにもっと劇的な効果を強調したものと、言語それ自体のもつ響きとアクセントに忠実であろうとするものと、この二つの点に特徴があるといえようか。それだけに彼は、歌というよりは朗読に近いようなスタイルの曲もかいている。しかし旋律の発明力もすぐれていて、渋くてしかも心の中で何ものかが燃えているようなものを感じさせる彼の旋律には、きわめてユニークなものがある。またピアノの伴奏のリズムの変化の多いのも、注目すべき点であろう。

ここにとった『隠栖』は一八八八年の三月十二日にかかれ、『メーリケ歌曲集』のなかに納められたものであるから比較的初期の名作というべきだろう。メーリケの詩につけた歌曲には、『園守』『ヴァイラの歌』『妖精の歌』『古画によす』『眠る赤子、イエス』などの傑作があり、それらはみな有名なものだが、ここでは日本で一番愛唱される『隠栖』をとった。詩は「おお世の中よ、私に構わないでくれ。愛の贈物で妨げないで、私の心にただひとり喜びを抱かせておいてくれ」(第一節)。「なぜか知らぬが、私はいつも涙にぬれた目で陽の光を仰ぐのだ」(第二節)。「ときには故しらぬ喜びが訪れて、胸に迫りもするが」(第三節)。「おお世の中よ。私に構わないでくれ」云々と、第一節をくり返すように書いてある。

ヴォルフの歌は、「中庸の速さできわめて内面的に」歌われる。まず変ホ長調でやや複旋律的にはじまり、ピアノと歌声は別のふしを同じリズムで歌う。第二節では、ピアノは和弦を連打し、その上を悲痛な旋律が歌われる。第三節では、旋律はしだいに高揚し、終わりに近く頂点に達する。その間ピアノはのたうつようにはげしく転調しながら、和弦をきざむ。一小節の間奏をはさみ第一節が戻ってきて、曲は沈痛な諦念のうちに静かに終わる。第一級の俳句のような、短い形の中に無限の内面の拡がりを感じさす芸術である。

## 47　マーラー『大地の歌』

Gustav Mahler（1860–1911）

マーラーはプラハの高等中学を経て、一八七五年ヴィーンの音楽院に入った。同じ頃にヴィーン大学で和声学を講じていたブルックナーの講筵に連なったこともある。それからドイツ・オーストリア各地で指揮者を勤めたのち、一八九七年、ヴィーンの帝室付楽長を経て、宮廷歌劇場の監督指揮者になった。

一九〇七年まで十年間の彼の行動は見事なもので、当代一流の大指揮者としての実践と見識によって、ヴィーンを再び欧州の音楽の首都の一つにした。一九〇七年、反対派の陰謀もあって職を辞し、ニューヨークに渡ったが、一九一一年咽喉炎にかかって帰国し、その年の五月ヴィーンで五十歳の生涯を閉じた。

マーラーは、『さすらう若者の歌』『亡き子を偲ぶ歌』等の管弦楽伴奏の歌曲集もかいているが、彼の作品の中心は九つの交響曲である。そのうち『第一』から『第四』

までは、ドイツの古い童謡集『子供の魔法の笛』の歌を織りこんだものだが、『第五』から『第七』までは純然たる器楽曲である。『第八』は再び合唱と独唱をとり入れた「千人の交響曲」と呼ばれるほどの膨大な交響曲だが、『第九』（遺稿）ではまた器楽に戻っている。

マーラーは、ヴァーグナーが楽劇のなかで総合したものを、交響曲の枠の中でやろうとした。つまり交響曲の形式と枠を維持しながら、思想的な深さ、言葉を歌う人声、ロマン的な抒情性といったものを、そこに織りこもうとしたのである。その結果は曲は非常に膨大複雑なものにならざるをえなくなった。

あるいは、もっと外側から見れば、彼の音楽は幾世紀にわたって蓄積されてきたヨーロッパ音楽文化の遺産の重みに押しつぶされ、それぞれの間で、矛盾し排斥しあうものがあっても、それをえらび分け、とりのぞくのでなくて、何も彼も一身に背負いこんでしまった、いわゆる世紀末の混沌と苦しみの反映だともいえるだろう。マーラーの音楽までくると、われわれは、あのドイツ音楽の伝統が、あとからくるものにどれくらい重荷になってしまったかを感ぜずにはいられない。

彼の作品には、天才的で絶妙な音楽的着想がふんだんにあるのだが、その反面あやうく通俗の域すれすれの感傷的な側面もきき逃せない。

『大地の歌』は一九〇八年の夏にかかれた。今までの習慣によれば、当然、『第九交響曲』とよばれるはずのものだが、彼はそれを避けて、単に「テナー一、アルト（またはバリトン）一と大編成の管弦楽のための交響曲」とよんだ。ハンス・ベートゲの独訳した李太白、孟浩然、王維ら中国の古詩人の詩による六つの歌が、それぞれ一つの楽章をなしている。形式は各楽章ともかなり自由で、厳格な形式よりは、雰囲気と情緒の展開にぴったりするようにかいてある。

第一曲は「大地の苦悩を歌う酒の歌」。「金の盃に酒はみたされた。盃をあげる前に、一曲を歌おう。生は暗く、死もまた暗い。天は青く、大地はゆるぎなく、花は咲き乱れているが、人の命ははかない。いざ、友よ、君の盃をほせ」といった歌詞による暗く官能的な歌が、テナーによって歌われる。ここばかりでないが、導入や間奏に使われる管弦楽の使用法は、すこぶる印象的である。

第二曲は「秋に淋しきもの」。「秋の霧がつめたく湖面を渡る。心は疲れ、憩いを求める。孤独のうちに心ゆくまで泣こう」云々の歌詞をアルトが歌う。

第三曲は「青春について」。ここには、南画にでもみるような池中の亭《ちん》に相対して閑語する若者たちの姿態が描かれているが、テナーの旋律は前の二曲とは対照的にいかにも明るい。

次（第四曲）の「美について」も、岸辺に花をつむ乙女たちと、その側を馬にのってかけ去る若者たちのしなやかな肢体の美しさが印象深く歌われる。

第五曲は「春に酔うもの」。「生が一夜の夢にすぎないのなら、あがくのをやめ、むしろ終日盃を傾けよう。春はここにあり、鳥は歌う。月が酔い空を渡る。願わくば、このまま酔わしておくれ。」諧謔味のある曲で、テナーが歌う。

以上の比較的明るい中間の三楽章が終わると、再び初めの暗さが戻り、第六曲の「別れ」がアルトによって歌われる。これは、これだけで、全曲の約半分におよぶような大きさをもち、全曲の終わりというより、核心にして結論のような位置を占めている。特にその冒頭の、やつれはてた無力な空虚な感じは、中国の詩人への共感を通りこして、マーラー自身が無意味な宇宙から別れをつげているようだ。後半は、王維の五言詩「下レ馬飲二君酒一問レ君何所之君言不レ得レ意帰臥二南山陲一但去莫二復問一白雲無二盡時一」によっている（以上漢詩の出典については、コロムビア・レコードに山根銀二氏のよせられた解説によった）。

はじめの曲にみられた五音音階のド・ミ・ソ・ラの四つの音が、あるいは旋律として、あるいは和音として出没し、全六曲を統一する素材として巧妙に使用されている。

## *48*　ドビュッシー『牧神の午後への前奏曲』

Claude Achille Debussy（1862–1918）

ドビュッシーは、現代音楽に大きな足跡を残した人である。日本では近代音楽といえば、ドビュッシーからはじめてそれ以後の音楽を指すのが普通である。

ドビュッシーはパリ郊外の貧しい小売商の家に生まれたので、満足に学校へも行けず、母親から読みかきを習った。しかしヴェルレーヌの義母でショパンの弟子だったド・フルールヴィル夫人に無報酬でピアノを教えてもらい、十一歳のときにパリ音楽院に入学した。とかく自己流をやるのできらわれもしたが、ソルフェージュやピアノ伴奏では一等賞を得ている。一八七八年、メック夫人（チャイコフスキーの項参照）に雇われて、何カ月かロシアやイタリアを旅行した。この時ロシア国民楽派の音楽にふれたことが後年の作曲に大きな影響を与えたといわれる。二十二歳の時ローマ大賞を得たが、この頃から彼の作風はきわめて特異だったので、ローマでかいた作品発表演奏会も、行なわれないでしまった。まもなく、当時のフランス文学の最も新しい傾向を示す象徴派のグループに近づき、マラルメの「火曜会」にも出席した。そうして若い頃のヴァーグナー崇拝からしだいに離れてきたが、一八九四年、『牧神の午後への前奏曲』を発表するにいたって、ついに自分のスタイルを確立した。その後はボードレール、マラルメ、ヴェルレーヌ、ピエール・ルイスらの詩に作曲したり、管弦楽曲『三つの夜曲』を作曲しながら、十年がかりで『ペレアスとメリザンド』をかき上げた。一九〇二年、オペラ・コミック座での初演は成功ではなかったが、このオペラこそ、当時の欧州に君臨していたヴァーグナーの楽劇から、まずフランスを解放したものとなったのである。その後彼はピアノ曲『影像』『前奏曲集』『こどもの領分』、管弦楽曲『海』『聖セバスティアンの殉教』等をかいたが、第一次大戦の勃発に会い、『家なき子らのクリスマス』を作詩作曲したり、「フランスの音楽家クロード・ドビュッシーにより作曲された六曲のソナタ」の完成を急いでいたが、三曲（『チェロとピアノのソナタ』『フリュート、ヴィオラおよびハープのソナタ』『ヴァイオリンとピアノのソナタ』）を書いただけで、硝煙の消えやらぬパリで、長からぬ一生を終えたのである。

ドビュッシーが、現代音楽の主導的な立場に立ったというのは、簡単にいうと次のようになろう。

まず彼はロマン派の音楽、ことにヴァーグナーの楽劇から音楽を解放した。音楽の人間感情と心理を表現する力を、それからそれへと追求しているうち、ロマン派の音楽はしだいに複雑化の一途を辿り、その極点に立った劇的なスタイルは、むしろそれあるがために、感情の誇張された表現となる以外、ぬきさしならぬことになってしまった。ドビュッシーは、まずこうしたゲルマン的な複雑巨大さに嫌悪を感じた。さればといって、彼は古典のあの知的な抽象美にも戻れなかった。これを絵画にたとえていえば、彼はダヴィドらの古典派のデッサンを重んずる態度にも、ドラクロワのロマン派の大胆な色彩の対照と大規模な構図を重視する態度にもよらず、むしろモネーらの印象派の画風に近いところで制作した。彼の作風は、印象派がフォルムよりも文学的主題よりも光を重んじ、まず純粋な色彩を緊密に配置して、ある隔たりからみた時、色彩がとけ合って作り出す効果を追求したのにたとえることができよう。印象派が光をそれ自体として重んじたように、ドビュッシーは音響をそれ自体として重視した。それゆえ彼の音楽では、不協和音は今までのように準備もされなければ解決もしない。つまり不協和音という概念は、協和音に対するもので結局は協和音に導かれるべきものだが、彼の場合は、それはそれ自体の効果をもつ一個の音響として評価されるので、必ずしも解決を伴わない。また主題にしても、その主題自身の音楽的効果を重んじ、古典派のような意味での展開や処理（ハイドンの項参照）はうけない。

ここにあげた『牧神の午後への前奏曲』は、ステファンヌ・マラルメのエグローグ（対話体の牧歌）に暗示されたもので、一八九二年から九四年にかけて作曲され、その年の二月に初演された。この作品は、先にもふれたように、彼独自の作風を確定したものなので、その発表は音楽史に一紀元を画したものといえよう。マラルメの詩の大要は「もの憂い真夏の昼下り、シシリー島の海岸近くの森陰の泉のほとりで、牧神（ローマ神話に出る好色な半獣神）が午睡をむさぼっている。ふと気がつくと美しい裸身のニンフが二人水を浴びに来ている。牧神は夢かうつつか定かならぬ心地のまま、ニンフを捕えようとするが、泉に波を立て彼女らは逃げてしまう。牧神はまた淫らな幻想にふけりながら、いつしかまた深い睡りにおちてゆく」といったふうのものである。ドビュッシーはこの詩によりつつ、このうえなくもの憂く官能的な音楽をかいた。フリュートがまず牧神の出現を暗示する主題を奏すると、オーボエ、クラリネット、ホルンが応え、ハープがグリッサンドをかきあげる。やがて牧神の眠りを思わせて音楽はいったんしずまる。この間八分の九、八分の六、八分の十二と、拍子が微妙に変わる。再び初めの主題が全奏で歌われてから、音楽はアラベスクのように拡がってゆく。しだいに動きが速まると、オーボエが第二主題を奏し、ニンフを追う牧神の放逸な身ぶりと喘《あえ》ぎを思わす。それが最高潮に達すると、また速度は前に戻り、ついで、主題が木管で出てくる。こうして最後に、弦とホルンの和音的な楽句とコントラバスを低音とした和音のもとに、ハープ、ホルン、ヴァイオリンの奏する主題の残響のうちに、牧神の眠りを暗示しながらすべては沈黙の中に消えてゆく。

*49* ドビュッシー『前奏曲集』(第一巻)

ドビュッシーの新しい作風は、管弦楽曲ばかりでなく、ピアノの曲にも大きな影響を与えた。ことにこの『前奏曲集』二巻は彼のピアノ曲の最大傑作で、ここでも彼の実現したものは高い価値をもち、重要な音楽史的な意義をもつ。

ここにとった第一巻は、一九一〇年に発表され、そのうち四曲は、作曲家自身が、その年の五月に初演した。一二曲からなるが、ドビュッシーは一曲ごとに標題をつけている(デルフィの舞姫。帆。丘を吹く風。夜の帷《とば》りに音と香は漂う。アナカプリの丘。雪の上の足跡。西風のみたもの。亜麻色の髪の乙女。中断されたセレナード。沈んだ寺。パックの踊り。ミンストレル)。

ピアノの扱い方も形式もいろいろだが、前にのべたのと重複しないようにきわめて技術的にその特徴をのべると、まず自然の陪音を利用して和音の概念を拡げ、11度までの音を自由に使った。全音音階や中世の教会調を用いた。リズムの微妙な使い方。ちがった和音まで踏み通して、それらの和音の入りまじった効果を利用するペダルの用法等があげられる。とはいえこういった手法も、要するに彼の異常なまでに鋭敏な聴覚と、何ものにもとらわれぬ自由な考えから生まれたものだし、それをもういっそう押しつめれば、どこまでも自分で感じた真実のままを妥協なしに表現しようとした誠実から出たものといえよう。彼は今まで和声、旋律、リズムが一体として捉えられていたのを解放してその新しい綜合をなしとげようとしたのである。

印象派の画家たちは、印象派宣言の中でこういっている。「自然にはデッサンにみられるような端麗さも正確さもない。自然はただ色彩だけである。したがって自然は、われわれが知覚しうる光の振動によって、われわれと関係をもつのだ。そこで画家は、自然の瞬間瞬間にきらめき過ぎるものを固定するように努力すべきである」と。ドビュッシーもまた、瞬間瞬間にきらめき、すぎ去るものを、音によって捉えた芸術家だった。

## *50* ドビュッシー『弦楽四重奏曲ト短調』

今まで述べてきたように、ドビュッシーの音楽は独特な和声や旋律の甘美な音色で染め上げられ、自在精妙なリズムで織り上げられていて、その雰囲気と暗示にとむ自由な歩みぶりはピアノ曲や管弦楽、それから歌曲にこそふさわしくはあっても、室内楽、ことに弦楽四重奏のように各声部の線的な扱いと形式の論理的な充実を尚《とうと》ぶ種目に要するのとは対蹠的なものだ。だから彼はこの種の作品はあまりかいておらず、唯一の四重奏のほかは、ごく晩年のヴァイオリン・ソナタ等三曲のソナタが、この天才の室内楽のほとんどすべてである。

この弦楽四重奏は一八九三年、つまり彼が印象主義音楽最初の傑作『牧神の午後への前奏曲』をかきつつあった時、その傍《かたわら》で作曲された。つまりこれは彼の早期の作品ということになるわけだが、この種の曲に珍しい独自の香気によって、ラヴェルのそれと並んで、印象主義が生んだ最もすぐれた四重奏曲に数えられている。初演は同年十二月曲を献じられたイザイ四重奏団により行なわれたが、聴衆からはほとんど理解されなかったといわれる。ただ彼の友人で同じく作曲家のポール・デュカはこの時、「この曲は作曲者の手法をよく伝えるものだ。形式は自由だがすべては明瞭に構想されており、作曲家は特殊な和音の連結や、複雑だが協和音よりもっと調和的な不協和音を楽しんでいる。彼の旋律は不思議な色彩をした豪華な敷物の上を歩み、独創的な主題が全曲の基礎となっている」と簡にして正確な批評を下している。

事実これはフランクなどとはちがうがやはり主題循環の手法のうえに組み立てられ、第一楽章の冒頭主題が全四楽章とさまざまな形で結ばれている。ただその関係は主題の成長とか建築的構成の統一とかいったふうでなく、一つの雰囲気の多彩な放射という趣が強い。そうして曲はソナタ形式の第一楽章から発し、スケルツォ楽章、歌謡的抒情楽章を経て、ゆるやかにはじまってしだいに情熱的にもり上がってゆく自由で幻想的な終曲の中で、もう一度冒頭主題に流れこんでゆく。

こういうところをみても、また少し前にサン゠サーンスがかいた『第三交響曲』（作品七八）の中にも循環作法がとられているところをみても、この頃のフランスの器楽作曲家の中心的手法として循環作法が考えられていた事実が分かる。

しかしドビュッシーはこの作法はここで一応うちどめにして、別の道に進んだことは周知の通りである。そうして前述のように最晩年にいたって室内楽にもどった。それらの作品はまた一種非常に独創的な作風で、何ともいえぬ枯淡さを漲《みなぎ》らしている。これが晩年のドビュッシーがついに印象主義にあきたりなくなり、もっと古典的な作風に戻ろうとした表われであるかどうかは、評者の意見のなかなか一致しないところであるが、ともかくこの事実は注目に値する。

## *51* リヒャルト・シュトラウス『ドン・ファアン』（作品二〇）

Richard Georg Strauss（1864－1949）

シュトラウスはミュンヒェンの宮廷楽団付きホルン奏者の子に生まれた。彼もまた早熟な天分に恵まれ、高等中学に在学中すでに弦楽四重奏曲や交響曲をかいた。その後もつづけて、古典的な作風の音楽をかいていたが、一八八五年、マイニンゲンの指揮者になり、当時の大指揮者ハンス・フォン・ビューローを知ってからは、ヴァーグナー、リストらの新しい傾向のロマン主義音楽に親しみ、標題楽の方向に変わった。一九一九年から二四年まで、ヴィーンの国立オペラの指揮者として活躍し、その後は自由な創作にふけるかたわら、ベルリンその他で指揮者として卓越した位置をしめた。

シュトラウスは今度の世界大戦のあともしばらく、シェーンベルク、ストラヴィンスキー、プロコフィエフ、ショスタコーヴィチ、シベリウスらとともに、十九世紀生まれの大音楽家として仰がれていたが、満八十五歳の誕生を祝った三月後の九月八日、南ドイツのガルミッシュパルテンキルヘンで亡くなった。作品の主なものに、『死と変容』『ティル・オイレンシュピーゲルの愉快ないたずら』『ツァラトゥストラこう語った』『ドン・キホーテ』『英雄の生涯』等があり、オペラには『サロメ』『エレクトラ』『ばらの騎士』『ナクソス島のアリアドネ』『影のない女』などがある。

シュトラウスは、大体マーラーと同じように、極度に発展しきったドイツ音楽の末裔として出発したが、マーラーとはちがってむしろその伝統や教養を巧みに生かし、そのうえフランスのドビュッシーらの印象派音楽や、もっと革命的な、オーストリアのシェーンベルクの無調主義音楽にも近づき、ときには利用さえしてきた。たとえその晩年は、もう進む余地のない発展の限界に足ぶみしていたかもしれぬにしろ、けっして破滅的な悲劇に陥ることはなかった。ということはまた、文化が文明になり、精神の所産が技術におきかえられてゆく現代の趨勢を、彼のほうがいっそうよく象徴していたからだともいえるかもしれぬし、それだけマーラーよりも浅薄だともいってもよいのかもしれない。

それはともかく、ここにとった交響詩『ドン・ファン』は、彼が標題楽に移って最初の傑作であって、一八八八年、彼がまだ二十五歳の天才的青年として、ヴァイマルで指揮者をしていた時にかかれ、同じ年の十一月、彼自身の指揮で初演された。この曲は、バイロンやモリエールのそれとは別に、ハンガリー生まれのドイツ詩人、ニコラス・レーナウの同名の詩によって作られた。レーナウは、厭世的な思想をもった詩人だが、ここでも彼は、ドン・ファンを、青春の火に追われて理想の女性を求めて歩くが、幾度かの恋に失望し、ついに熱情は燃えつきて冷たくなったと嘆きつつ終わるような男として描いている。

シュトラウスの音楽では、まずドン・ファンの颯爽たる主題を、つぎつぎと事件に会うたびに変化させながら、熱情の虜《とりこ》としての恋、官能的な恋、抒情的な恋、牧歌的な恋というふうに、恋の種々相を描き、そのたびごとに彼を襲う不満、倦怠などをさしはさんでおり、最後に謝肉祭の雑沓と馬鹿騒ぎの後で、自責の念に耐えかねた主人公が決闘によって殺されるところで曲を結んでいる。

全曲は十七分ほどかかるが、別に楽章に分かれてはおらず、全体としてまとまった感銘を与えるように按配しながら、エピソードを重ねてゆき、その間にドン・ファンの主題をはさんで、統一を計っている。

しかしここでは、音楽は事件や人物の心もちを描くのだから、古典のような意味での処理や展開はない。むしろ矢継ぎ早にくり出される多くの主題が、その時その時でエピグラム風の効果を与えてゆく。こんな点は、きわめて現代的だともいえよう。

しかもその主題は、旋律というよりも、もっと鋭い、急激に上昇する線だとか、濃厚な情緒を与えるカーヴだとか、特徴のあるリズムだとかいう観点から作られている。十九世紀ロマン主義の音楽とくらべればより目まぐるしく、刺激的でもあれば、頭脳的でもある。

しかしそうやってつぎつぎと主題を提出する手腕や、管弦楽の扱いは堂に入ったものので、おそらく彼ほど自在に、思った通りのことを実際の音に作りだす力量をもった人は少ないだろう。ただこの曲でも中ごろで豊麗甘美を極めた旋律が出てくる。これはドン・ファンの心を奪った女性を描写したものかもしれぬが、これほど息の長いたっぷりした旋律を表わす力も、この人はもっていたのである。

## *52* デュカ『魔法使いの弟子』

Paul Abraham Dukas（1865–1935）

デュカはパリで生まれ、パリ音楽院を卒業し、一九一〇年には、当時同院の院長だったフォレに招かれて、管弦楽法のクラスの主任教授になりという具合に、生粋のパリ育ちの音楽家である。だが、彼の音楽は、同じ時代に同じパリで生まれ、ついには全欧を風靡するくらい全盛を極めたドビュッシーやラヴェルらの印象派の音楽とはずいぶんちがう。

彼の出世作は一八九二年に初演された古典的な序曲『ポリュクト』だが、ついで一八九六年の『ハ長調の交響曲』でひろく名声をはせ、翌年発表した交響的スケルツォ『魔法使いの弟子』をもって、楽想のたくましいはぎれのよさ、管弦楽の色彩的な取り扱い、緊密で堅実な書法などで、一流の音楽家としての不動の地位をかちえた。

その後『ピアノ・ソナタ　変ホ短調』と、『ラモーの主題による変奏曲、間奏曲および終曲』の二大ピアノ曲をかき、さらに最大の力作オペラ『アリアーヌと青髯』と、バレエ音楽『ペリ』などを、一九一二年に発表したが、それから後は一九三五年に六十九歳で長逝するまでの二十三年間というもの、二、三の小品のほか、作品を発表しなかった。その間創作はつづけていたのだが、死に先立って、ことごとく焼きすててしまったといわれている。なぜだろうか？　よけいな心配のようでもあり、どうせ確実なことは分かるまいが、やはりデュカという音楽家を考えてみると、この長い謎めいた沈黙に気をひかれないではいられないのである。

デュカの育った頃には、まだフランスの近代的な音楽ははっきり確立していなかった。そこにフランクが出、サン＝サーンスが出現して、いわば長い伝統に根ざしヴァーグナーで最高潮に達したドイツ音楽の優秀さを、フランスにとり入れる道をひらいた。デュカもその道に従った人だと考えられる。古典的な序曲や交響曲をかき、当時のヨーロッパでほとんどもう手がける人のなくなっていた大規模なピアノ・ソナタや、大変奏曲の作曲に精魂を傾けた事実を考えると、そういう結論が出てくるのである。事実、彼のソナタは、非常な大がかりな作品であって、いわば後期のベートーヴェンのピアノ・ソナタの作風を継承しながら、近代的な音の処理法を行なったものだ。演奏もきわめてむずかしいが、構成もとても大がかりで複雑で、おそらくフランス音楽史を通じて、規模からみて最大のピアノ・ソナタだろう。

ところが前にふれたように、ちょうどその頃フランスには、生粋なフランス音楽スタイルというべきドビュッシーとラヴェルの印象主義の音楽が出てきたのである。そうしてそこから、多くの秀才俊才の手になるかずかずの傑作が、つぎつぎと生まれてきた。その結果、近代フランス音楽といえば、まず印象主義が最大の創造の原理と考えられるようになった。とすると、いわばドイツの建築的構成的知的な長所と、フランスの伝統的な感覚的洗練とを融合して、新しい作風をおこそうと考えたデュカらの方法は、どういうことになるだろう？　それがむだだったとは、誰も考えない。フランクの高弟ヴァンサン・ダンディ、エルネスト・ショーソンらは、立派な作品を生んだ。だが、デュカには、何か割り切れないものが残ったのではあるまいか。

それからもう一つ、フランクもそうだったが、フランスには、ときに非常に芸術的良心が強いというか、批評精神（といってもここでは主に自分で自分を批判する心の働きをさすのだが）が厳しい芸術家が往々生まれる。文学でいえば、マラルメとかヴァレリーなどについても、同じことがいえるだろう。そうした人びとは、完璧な作品だけを残そうとする結果、どうしても作品が少なくなる。デュカの沈黙はこの二つの問題をわれわれに提出する。

さて、ここにとった管弦楽曲『魔法使いの弟子』は、そのデュカの作品の中でも最も広く知られ、最もしばしば演奏されるものだろう。ゲーテの同名の詩による標題楽であるが、大がかりな管弦楽のためにかかれたスケルツォとして、純粋器楽曲としてもしっかりした構成をもってかかれている。

筋は、魔法使いの弟子が、師匠の留守にきき覚えた呪文で箒に命じて水を汲み出させる。ところが部屋いっぱい水だらけになったので、驚いてやめさせようとするが、やめさせるほうの呪文を忘れてしまったのでどうにもならない。箒を真二つにして殺してしまおうとすると、二つになった箒がまたてんでに水を汲んでくるという始末。ついに動きがとれなくなって悲鳴をあげているところへ、師匠が戻って来て、箒を呪文からとく、というのである。冒頭のヴィオラやチェロ、ハープなどのハーモニックスの使用法も妙だが、とくに箒が動き出して水を汲むのを示すバスーンの旋律は、ユーモラスでかつ逞しい。そのうちに音楽は、何か人力でいかんともできぬ機械の正確さと力強さを示すかのように、圧倒的なクライマックスに達し、きくものも、ただ「あれよ、あれよ」とひきまわされるほかはない。

この曲は、アメリカのディズニーの漫画『シリー・シンフォニー』の一部として、例のミッキー・マウスが弟子になってかかれた映画の伴奏として――というより、むしろ、この音楽の絵解きとして漫画が使われたものが出来ているが、これをみた時、僕は音楽のひとこまひとこまが、よくもこんなに明確な動作になるものだと、あきれたものだった。

## 53 シベリウス『ヴァイオリン協奏曲』（作品四七）

Jean Sibelius（1865－1957）

シベリウスは、現存の大作曲家中の最高齢者であろうが、ここでやってるように作曲家の生年順に並べてみると、ずいぶん古い人のような印象をうける。たしかに、彼の作風は、シェーンベルク以後の無調主義の影響もないし、ストラヴィンスキー、ミヨーらの多調主義つまり二つ以上の（大体二つだが）異なった調性でかかれた、二つ以上の声部を同時に鳴らす手法も、複拍子（ポリリトミック、同時に二つ以上のちがった拍子に解釈できるような書き方）も使っていないし、ヒンデミットの即物主義や、線的対位法の手法もない。

つまり、シベリウスの音楽には、現代音楽でのさまざまの非常に顕著な技法上の新工夫が、どこにどうといって明確に示されているわけではない。もちろんシュトラウスのように、個別的にいろいろな作品でいろいろなモダーンな技法をかき分けていることなどもない。それどころか、ドビュッシー、ラヴェルらの印象主義の影響さえ明らかではなさそうだ。だから、例を求めるとしたら、やはりドイツを中心とする後期ロマン派、ブラームスとかヴァーグナーとかの音楽に、比較的近いものということになるかもしれない。しかし、やはりそこには何か過去の音楽になかったものがある。

セシル・グレイという音楽研究家は、シベリウスについて、「彼はいかなる傾向も示さず、いかなる流派にも属さず、さればといって自己の流派を創設してもいない。同時代者たちの誰とも、何一つ共通するところがなく、どんな先輩からも、全面的には影響されていない。だから普通の歴史的比較的音楽批評の方法で彼を扱おうとしても、全然むだだ」といっている。

僕は、前述したように、それほど独立してはいないと思う。しかし、シベリウスの生きて来た、十九世紀末から二十世紀半ばまでの音楽のあわただしい移り変わりを考え合わせてみると、彼もまた独自な存在であることを感じないわけにゆかない。

シベリウスは、周知のように、フィンランドの音楽家である。二十歳の時、首都ヘルシンキの大学の法科に入ったが、同時に音楽院にも特に入学を許され、ついに音楽に専心するようになってしまった。卒業の秋（一八八九年）ベルリンに留学し、ついで翌年はヴィーンに学んだ。

帰国後は母校の教授となり、一八九七年、政府から年金をうけて以来は、教職を去って作曲に専心。自作の指揮のために何回か国外旅行をしたほかは、ただもう作曲生活の一点張りである。

シベリウスがフィンランドの無冠の王者として、国民の敬愛の的になっており、政府も前例のない多額な年金を贈って彼を遇しているほか、生誕六十周年、七十五周年、八十周年と、その長寿を重ねるたびに盛大な国民祝賀が催されていることなどは、今さらいうまでもないだろう。

作品は交響詩（『トゥオネラの白鳥』『カレワラ組曲』『フィンランディア』『タピオラ』その他）、および八曲の交響曲等、管弦楽曲が圧倒的に多い。室内楽としては、『親しい声』と題された弦楽四重奏曲が有名である。

シベリウスの音楽を語る人は、みな北欧的とかフィンランド的とかいう言葉をつけたがる。その旋律は、民謡そのままをとったものはほとんどないそうだが、やはり民謡に根を置いたものだということを、強く感じさせる。だが、思うに北欧的云々をあきずに人びとがくり返すのは、シベリウスの音楽が、現代の他の音楽とちがって、端的に新しい技法上の特徴によって分類することがむずかしいからでもあろう。

しかしまた、ある音楽が、それをかいた人の国籍をはっきり印象させるということは、どういうことだろうか。モーツァルトがドイツ的だという場合と、ドヴォルジャークがボヘミア的だという場合では、その国民的だという言葉の使い方が非常にちがう。晩年のストラヴィンスキーがスラヴ的だという場合は、その両者ともまたちがう。……シベリウスの場合は、旋律はもちろんだが、一つはその和声の扱い方に、伝統的で古臭く厚ぼったいようでいて、実はかなり独特な動きがあるからであり、もう一つには、管弦楽法の手法の特異性から連想される点が多いように思われる。それは、管楽器の重ね方、それから特に低音の楽器、チェロ、バス、バスーン、トロンボーン等に、はっきりと浮き出した詠唱調の旋律を逞しく演奏させるからではなかろうか？　僕はシベリウスの曲をそういくつも調べたわけでないから、断言はできないが。

ところが、シベリウスの音楽は、重厚で力づよい感銘を与えるが、管弦楽法はさほど厚ぼったくかかれているわけではない。その点では、ヴァーグナーらとずいぶんちがうからである。逆にむしろかなり節約しているほうである。ただ低音楽器を巧みに使っているので、陪音や何かの関係上、全体の音楽効果は、よく響く充実したものとなっている。それにはっきりした調性上の組織と、よく統制された形式構造のうえに立っているので、堂々とした感銘を残してゆく。

ここにとった『ヴァイオリン協奏曲』は、一九〇三年、シベリウスが三十八歳の時にかかれたもので、彼の唯一の協奏曲である。大雑把にいえば、ブラームスのピアノ協奏曲の場合と同様、交響曲的な楽想と構造の重厚さをもちながら、そこに独奏楽器を織りこんだものである。だから、名人芸を派手に発揮させるための曲とはちがう。といっても独奏ヴァイオリンの独奏はずいぶんむずかしくかかれているらしい。シベリウスは、青年時ヴァイオリニストになるか作曲家になるか迷ったといわれているくらいだから、ヴァイオリン演奏については自分でも深い経験をもっているのであろう。

管弦楽は大体標準の二管編成で、木管、弦楽器のほかは、ホルン四本、トランペット二本、トロンボーン三本、打楽器はティンパニしか使わない。これも、いろいろ打楽器を並べるのが好きな現代作曲家としては、珍しいことである。

第一楽章はアレグロ・モデラート。ニ短調、二分の二拍子、ヴァイオリンのトレモロにのって、「優しく表情的に」浮かび出てくる独奏部が、第一主題を奏する。美しくそうして力強いふしである。リズムも音程も、よく組み合わされていて、大曲の冒頭主題にふさわしい音楽的内容をもっている。第二主題に入る前に短いカデンツがある。第二主題は、いったん変ロ長調で管弦楽部に現われ、それから変ホ短調を通って変ト長調で現われ、変ロ短調で提示部を終わる。展開部を経て、再現部の前に、今度は比較的長いカデンツがあって、ト短調で第一主題がはじまる。第二主題はヘ長調。それから最後にまた第一主題が独奏、オクターヴで壮大に現われて楽章を結ぶ。

第二楽章はアダージョ・ディ・モルト。変ロ長調、三部歌謡形式。充実した抒情美の世界。

第三楽章はアレグロ。ニ長調。生き生きとしたリズムをもった、やや変格的なロンド。特に第二主題を支えるシンコペーションのリズムは、何というか、大地の底から出てきたような、実に異様なくらい不気味な躍動にみちている。

# 54　ラフマニノフ『ピアノ協奏曲第二番ハ短調』（作品一八）

Sergei Vasil'evich Rachmaninov（1873－1943）

ラフマニノフは、ロシアのノヴゴロトの小地主の家に生まれた。九歳の時ペテルブルク音楽院に入ったが、三年後、モスクワ音楽院に転じ、アレンスキーやタネェエフの教えをうけた。ロシアの楽壇は、この頃、バラキレフに発してロシア五人組をうんだ、いわゆる国民楽派のペテルブルク派と、ルビンシテイン、チャイコフスキーの流れをくむモスクワ派に二分されていた。五人組の人びとが、ムソルグスキーに一番はっきりみられるように、過去二、三世紀にわたってしだいに発展し推移してきた西・中欧の音楽の伝統に拘束されず、それからみるとずいぶん特異な点のあるロシアの民族的伝統に依存しながら、大胆な独創味を発揮しようとしていたのに反して、モスクワ派は、職人的技術的な面で西欧音楽の伝統の深い消化摂取のうえに、楽風を築きあげようとしていた。ラフマニノフがモスクワで学んだということは、彼もまた五人組のような民族的伝統を尊重する人びとからみれば、チャイコフスキーと同じく折衷的で保守的な音楽家だったということになる。しかし僕ら外国人からみれば、チャイコフスキーの作品は充分にロシア的だし、ラフマニノフの作品もまた、その形式や構成がきわめて西欧的であるにもかかわらず、実にロシア臭い。

ラフマニノフはすぐれたピアニストだった。十九世紀から二十世紀にかけての一流中の一流にランクされるピアニストだった。そしてピアノ曲をたくさんかいた。なかでも四つのピアノ協奏曲やピアノの練習曲や前奏曲などが有名である。『第一番』の協奏曲は、音楽院の学生時代、十八歳の時にかいたが、ここにあげた『第二番協奏曲』は一九〇一年、二十八歳の時の作品である。これはその時に作曲者自身を独奏者として初演され、一九〇五年にはグリンカ賞を与えられた。

一九〇九年、はじめてアメリカに渡って、『第三番協奏曲』を発表し、さらにロシア革命の勃発とともに、家族といっしょに祖国を離れ、ついに一生かえることなく、一九四三年、アメリカのハリウッドで六十九歳の長寿をまっとうした。ほかに交響詩『死の島』(作品二九)や交響曲、ピアノと管弦楽のための『パガニーニ主題による狂詩曲』などの大作がある。

『第二番協奏曲』は速い、おそい、速いの三楽章からなり、各楽章の形も、きわめて伝統的なものであるし、そこにロシアの作曲家に共通する、実にロシア臭い旋律がもりこまれている。曲の感じはロマン的で、チャイコフスキーとリストをつきまぜたようなものである。その点では、二十世紀の作曲家というよりも、むしろ十九世紀の人と呼ぶほうが似つかわしいくらいだ。しかし、あえてピアノ書法の本格的なことはいうまでもないとして、大規模の楽曲を堂々と構成し、そこに力強い感情と意欲を表わし、よくまとまった感銘をきくものに与える手腕は堂に入ったものである。

先年イギリスから、『逢びき』という映画がきた。あれはいわゆる音楽映画ではないが、伴奏として一貫してこの協奏曲だけを使っていた。男女の主人公が、もう二度と逢わなくなるか、それともどこか遠い国へ行くかの境に立って、最後のそぞろ歩きをする。そこで映画は、この協奏曲の第二楽章の終わりの部分をきかせていた。画面では、主人公たちが最後のためらいと動揺をみせ、女には懊悩のあまり、自殺しかねまじい気配もみえる。しかし音楽は、綿々と旋律をくりひろげてはいるものの、歩みも音量も衰え、事件はこのままではどうしても続かず終わるほかないことを、きく人に確信させずにおかない。綿々たる情緒にあふれつつ、一歩一歩、音楽の環は閉ざされてゆく。果たして、女は夫と家庭が待っている平凡な日常生活の世界に戻ってゆく。簡単な仕組だが、やはりよくかけた音楽、つまり持続性があって、しかも濃《こま》やかな感じにみちた音楽でなければ、あの気持は伝えられまい。

## *55* シェーンベルク『月に憑かれたピエロ《ピエロ・リュネール》』（作品二一）

Arnold Schönberg（1874–1951）

シェーンベルクの作品は、日本ではほとんど演奏されることがない。レコードには弦楽合奏『浄夜』と歌と管弦楽『グレの歌』がはいってはいるが、これは、シェーンベルクが無調の十二音技法を決定的に定立する前の、いわば模索期の作品である。僕も、もちろん、その他の本当の彼の代表作をきいたことがない。そんなきいたこともなければこれからもいつ演奏されるか分からないような作曲家をここで紹介するのは、一つに音楽、音で考える芸術の技法のうえで、彼が実に徹底的な革命を試みたからである。そうして彼の音楽的革命が、ストラヴィンスキー、プロコフィエフ、バルトーク以下今世紀にはいってからの多くの代表的音楽家に、深刻な影響をおよぼしたからである。もっとも彼らはその後、しだいに自分自身の道を発見してゆくようになったが。

シェーンベルクは、音楽的に由緒ある古き都ヴィーンに生まれた。初めは独学で作曲を学んだが、後ある教師について対位法を習い、その後私立音楽学校で教鞭をとるかたわら、作曲や弟子の養成に励んでいたが、ナチスのユダヤ人排斥とともに、教職や芸術院の位置から追われて、アメリカに移住し、ロスアンジェルスの近傍で死んだ。

シェーンベルクの生まれた頃は、ドイツ音楽はヴァーグナー、マーラー、ブルックナーら、ドイツ後期ロマン主義の全盛期だった。そこでシェーンベルクも、初めの頃はきわめてロマン的な情緒の濃厚な曲をかいた。『浄夜』『ペレアスとメリザンド』『グレの歌』がそれである。しかし新しい才能が、何かの点で決定的に過去の作品に立ちまさって自分の立場を得るには、それまでのものに追随していたのではむずかしい。特にドイツのように古典からロマン音楽にいたる傑作が山積しているところでは、なおさらである。またシェーンベルクは気質的にも、前いった如くロマン的な人間なので、もって生まれた天性にしたがって書いているうちは、個性的な作品をかく大家になるという望みは、ほとんどなかったわけだ。

こんなふうに、芸術家の仕事を野心からだけ判断するのはおかしなことかもしれないが、ともかくシェーンベルクはこういう立場から出発せざるをえなかった。それにロマン主義が、過去一世紀ヨーロッパ音楽を支配する王座にいた以上、それはまずその間の時代の変遷からみて、崩壊するか、変貌するかしないはずはない。というのは、ヨーロッパの芸術や思潮の歴史、ことに音楽のそれをみると、結局作曲家たちは、先輩のしたことを基礎に、そこに含まれていたいわば潜在的な可能性を、ある期間、ある方向に向かってつぎつぎと発展させてゆく、というふうに流れてきている。

その発展のさせ方には二つの方向があって、一つは、前の時代のさまざまの作曲の仕方の中から、それに共通するある種の原則的な考え方をとり出し、それに従いながら、よりいっそう効果的で充実した創作を行なう方向、つまり整理しつつ結実させる、求心的ともいえるような方向が支配的な時代（ハイドンからベートーヴェンにいたる古典主義の時代がそれに当たる）と、前の時代の作品から、その中でいわば原則とか通念とかいったふうのものに反する、一見偶発的なもののもつ効果をよく見定めて、それをよりいっそう普遍的な恒常的なものに仕上げてゆく方向、つまり遠心的とでもいうか、潜在的な力を発掘してゆく方向とがある。その場合でも偶然的なものと通則的なものとの間に共通する原理を、いっそう深いところでさぐり当てるという意味では、求心的といえなくもないが、ともかく後の場合には、出来上がった作品が、前にくらべて新しく獲得され、つけ加えられたものが、とくに目立って感じられるのである。十九世紀末の後期ロマン主義時代が、これに当たろう。そうして、その拡大、遠心の流れは、ヴァーグナーにいたって、ひとまず極点に達したと考えることができる。極点というのは、もちろん一つの見方を設立して、その見地から判断すれば、そうなるというのであって、たとえばヴァーグナーのあるオペラを、終わりまで上演するのに四晩もかかる（『ニーベルングの指環』）とか、管弦楽の編成がきわめて大がかりになったということをさすのではない（それは結果の一つであり、むしろ随伴的な現象である）。

この見地の急所は、バッハにおいて大成し、過去二世紀の音楽的思考法と音楽的感覚を支配していた調性の原理が崩壊直前のぎりぎりのところまできたということである。調性とは何かということは、バッハのところで簡単にかいておいたからそれを参照していただきたいが、要するにある楽曲の中の音が幾百幾千あろうと、そこには一つの中心になる音があって、他の音はそれとの主従関係とか、どれくらい密接な関係にあるかということで、価値づけられる（大切なものと、比較的付属的なものとに分けられる）ようにできている。というより、作曲家の創作する時の心理や生理において、そうした価値の体系ができていて、大切な音を大切なところに配置し配分してあればこそ、音楽を作ることができ、きくものも、その規準に即して音をきき分けていればこそ、作曲家がその音楽で表現しようとしたものを追体験することができるのである。つまり中心音の考え方こそ、音楽家の美的な思想が聴衆に伝わる、つまり音楽的体験の伝達が可能になる拠りどころであるわけである。バッハのところでもいったように、トニカ（主音）とかドミナント（属音）とかいうのは、その音の階級（価値の体系）を指す言葉で、とくにこの二つの関係が音楽を作る骨子なのである。ハ長調といえば、ハを中心とする音階であり、ハ長調の曲といえば、ハを中心とする楽曲である。そして、この関係を、頭で捉えなくとも、ともかくそれに準拠して音を追ってゆくことが、音楽を体験する、つまり理解することの一番根本的な事実である。音楽の発生を、どんな遠い昔にとろうと、そこにはこの中心音の考え方が、意識していたかいなかったかにかかわらず、必ずあったにちがいないのだが、それがいろいろな変遷を経て、バッハの頃に、いちおう一つの見事な万人をうなずかせる形で整理されたのであり、われわれの知っている西洋の音楽は、それを基幹として発展してきたものである。

ところが、ヴァーグナーにいたって、その中心音の考え（つまり調性中心の音楽の考え）が崩れ出してきた。もちろんヴァーグナーの場合は、まだ調性の原理というものの意識に支えられていたればこそ、その崩壊直前の断崖ぎりぎりのところまで行けた。行った末、ヴァーグナーはまたとってかえしてきた。以後特に今世紀に入ってからの音楽動向は、もはや遠心的というより、しだいに分裂状態に陥り、時代を通じて統一的原理は見出しがたく、各人各様の技法による創作が行なわれるといった有様である。その中で、この調性の危機という出来事を徹底的に追いつめぬいたのが、シェーンベルクであり、その結果到達したのがシェーンベルクの無調性の音楽である。

何か、ひどくむずかしいことを述べてきたようだが、もし読者が自分で、何かの楽器をひくなり、歌を歌うなりしてごらんになればすぐ分かることで、その音楽なり、ふしなりは、みなこの調性的な音楽なのである。初めがあって終わりがあり、それはある一つの音を中心に、他の音はみなそれとの遠い近いの関係で（または緊張と解放との関係といってよかろう）きまった位置にいる。

ところで、その調性をとりさった場合、音楽はどんなふうに作られ、またこれもそれに劣らず重要なことだが、きく人にどんなふうにして伝わってゆくだろうか、ということになるが、これから先は、今までとは逆に、言葉でいうのはやさしいが、事実として体験するのはかなりむずかしいことになる。だからこそシェーンベルクの音楽は、なかなか演奏されないのである。つまり、彼の音楽は、きく人に音楽的体験として伝わることが非常に困難だ。もちろん、その前に、演奏がひどくむずかしいということもある。そうして、これも帰するところは、いったん受け取って、再現する側の人間として、演奏家にも、ちっとやそっとのことでは分からないからである。

だから、シェーンベルクが、その無調主義音楽をどんなふうにしてかいたかは、作曲技法の解説としてならば、出来なくはないが、鑑賞の手引としては、僕には、これ以上ほとんどかきようがない。要するに、調性的な感じ、つまりバッハだとかベートーヴェン、ドビュッシー、あるいはヴェルディ、チャイコフスキーその他の音楽が与える感銘とはまったくちがうものであるはずなのである。

ともかく大変分かりにくい音楽である。しかし無調主義音楽ならどんなものも分からないかといえば、そうはいえないと思う。たとえばアルバン・ベルクの曲だとか、バルトークのあるものなどは、無調主義の手法を使っていても並々ならず力強い感銘を与える。

こういってしまえば、その彼の作品を解説するのは、無意味なようだが、理想的な聴衆になれないまでも、そうしたものがあることを紹介しておくことは、いちおう僕の仕事のようでもあるから、一言しておく。

さて、『月に憑かれたピエロ』は、アルベール・ジローの表現派風のシニックでグロテスクな詩を、ハルトレーベンが独訳した詩によって一九一二年作曲された。二一の短い曲を組み合わせたものである。演奏には五人の演奏家が、持ち替えで八個の楽器を奏するが、組合わせは曲によっていろいろちがう。それに人声が混じるのだが、歌には音程とリズムは与えられているが、「話すように演奏して歌ってはいけない」と注意書きされている（いわゆる語る旋律である）。しかしシェーンベルクの調性の放棄は徹底的に押しすすめられているのに、音楽を構成する形式のほうは、過去のものを使用しているのは、きわめて注目を要するところである。その場合、主として、対位法的な書式に適する形式がとりあげられているのだが、あくまで抽象的な思索に長じた人のものらしく、その形はずいぶん複雑に出来ている。

この本をかいた後、シェーンベルクの音楽をラジオやレコードできく機会がだんだんとふえてきたし、それに比例して、彼に関する考えも変わってきました。今の僕は

《シェーンベルクの問題》はまだ何度も考えてみなければならないと思っている。

## 56　ラヴェル『ボレロ』

Joseph Maurice Ravel（1875–1937）

ラヴェルはフランスといってもスペインとの国境に近いピレネー地方に生まれ、バスク人の血をうけているといわれる。パリの音楽院に入学して、フォレに作曲とフーガを習い、その後もほとんど一生パリにいた。有名なピアノ曲『水の戯れ』は学生時代にかいてしまったが、ローマ大賞は何度も受けて失敗した。

ラヴェルは、ドビュッシーとともに、フランス印象主義音楽家の双璧といわれる。しかしこの二人はほとんど同じ頃に出て、同じような改革をしたが、その気質や美学のうえでは、大きな違いがあった。まず、ラヴェルは、ドビュッシーに比べて、より知的で反省的だった。それに同じような不協和音の使い方をしても、ラヴェルの場合はもっと線的にかけている。この傾向は年とともに強まり、色彩の豊かさのうちにデッサンがよりよく見通せる作風になっていった。そうして簡潔なむだのない表現、明快な輪郭、効果的なリズム、洗練された構成、こういったものは、同じ印象派でも、マネーやルノワールに比べられるドビュッシーとちがって、もっと後期印象派の作風に近いように思われる。ラヴェルの名作には、ピアノ曲では『水の戯れ』『鏡』『ソナチネ』『夜のガスパール』『クープランの墓』『ピアノ協奏曲』等があり、バレエ音楽では『ダフニスとクロエ』『マ・メール・ロワ』、オペラ『スペインの時』、管弦楽曲では『スペイン狂詩曲』『ラ・ヴァルス』、室内楽では弦楽四重奏、ヴァイオリン・ソナタ、三重奏、それからかずかずの歌曲がある。こうした曲は、どれも隙なく磨かれた曲である。だがそれだけ、ドビュッシーの天衣無縫といったゆったりした趣に比べて、痩せた冷たいところがある。しかしまたそれが、文学でいえばポール・ヴァレリーの明徹と純粋を偲ばせるところがあり、何よりも意識の緻密を尊び、表現の明快を好んだ時代の好尚にぴったりしたのであろう。

とはいえラヴェルにも、王朝風の優雅や世紀末的怪奇趣味が欠けてはいないし、『ダフニスとクロエ』第二組曲とか『ピアノ協奏曲』などにみるような情熱の沸騰がある。しかしそれはまた、あくまでもよく計算されているものだ。

管弦楽曲『ボレロ』も、その一例であろう。ボレロは、スペイン系の舞曲で、四分の三拍子のリズムを特徴としている。ラヴェルの『ボレロ』は、大体よく似た二つの旋律をいろいろな楽器でつぎつぎとうけ渡しながら奏する。この間、他の楽器は、大体いつも同じリズムを刻むだけである。これを演奏者の好きなだけくり返させる。しかも初めは最弱ではじまるが、楽器の種類が変わり、それから数が増えるにしたがって、しだいに強くなり、すさまじい強奏のクライマックスに達して終わる。ただそれだけの曲である。だが一本の旋律を幾度もくり返して、聴衆をあきさせず、演奏者には一歩一歩力強く演奏させるように作曲するには、まずその旋律によほど魅力がなければならないはずだ。またその漸次強奏してゆく間、音楽が自然に流れるよう、何かの弾みをつける必要がある。ラヴェルはもちろんそれを計算しぬいていた。それはまずリズムを刺激的なリズムにする。旋律をうけもつ楽器の数や種類に変化を与える。それから旋律を、最初のくり返しでは一オクターヴ高い楽器にかえ、次に前より一音高いところからはじまる旋律をかき、それをまた一オクターヴ高い楽器に吹かすというふうに組み立て、その上でそうやって出来た全体を、何度かくり返させるようにしたのである。そうして最後の結びには、今までハ長調だったものを3度上のホ長調に転じて、飛躍的な昂奮を作りあげた。

この音楽は一九二八年、有名なバレリーナ、イダ・ルビンシテインの注文でかかれ、その後映画の主題音楽にもとられたくらい流行した。その映画をみた方は覚えておられるかもしれない、舞台を中米のキューバにとって、ジョージ・ラフトという、少々きざっぽい俳優が主役をしていた。しかし今、野性的な昂奮をまき起こすために周到に計算されたこの音楽の解説を終えて、あの映画を想い出していると、おのずから人間機械論が連想されてくる。人間は、ある程度の物理的生理的刺激をくり返し与えると、あんなに熱狂してくるものかと、そぞろ肌寒い思いだ。ラヴェルをこの一作で代表させるのは強引かもしれないが、たぐいまれな人工美の工匠としての面目は、ここにも端的にみられるように思う。だが何といってもそこにはやりきれない人間蔑視がある。ラヴェルが晩年精神病患者として死んだのも偶然ではなかろうというのはいいすぎかもしれないが。

## *57* ファリャ『スペインの庭の夜』

Manuel de Falla y Matheu（1876－1946）

スペインは十七世紀以来ほとんどさしたる音楽家を出していなかったが、十九世紀の末から今世紀にかけ、アルベニス、グラナドス、トゥリーナ、ニンなど、才能にとんだ作曲家が輩出した。その中で近代スペインの音楽を代表する立場にあったのが、ファリャである。

彼は、南スペインのアンダルシア地方に生まれ、マドリッド音楽院を卒業した。一九〇七年数日滞在するつもりでパリに行き、実に七年間そこにとどまることになってしまった。その間個人教授などで辛うじて生計の資を得ながら、ドビュッシー、ラヴェル、デュカらと深い交わりを結んだのだが、おそらくこのことが何にもまして彼の音楽家としての方向を決定したのであろう。まず印象派の巨匠の友人たちとの交わりは、彼の音楽の印象派的なスタイルを決定的なものにしたろう。それにスペインの芸術家がフランスを愛するように、フランスの多くの芸術家は南欧スペインのエキゾティズムを愛する。ビゼーの『カルメン』にまで遡らなくとも、ドビュッシーには『イベリア』、ラヴェルには『スペイン狂詩曲』のような管弦楽曲がある。このことはきっと、ファリャに、自分の郷土を愛し、これに根を下ろした音楽をかくことが、かえって自分を世界的にする道だと悟らしめたにちがいない。だから、ファリャの音楽は、印象主義的ヴェールの中に包まれているものの、アラビアやジプシー、それにことに特異な郷土文化をもつアンダルシアの地方色などを織りまぜた、ローカル・カラーにみちた民謡に発した旋律のリズムをもっている。この意味で、彼は近代スペインの国民楽派の代表的前駆者ということができよう。つまり、ファリャはフランスの絵具でスペインの風景をかいた音楽的画家である。これが彼の作風を折衷的なものにしたが、同時に早くから世界的に理解されよろこばれるものとした。

作品は、一国を代表する音楽家としては、割に少ない。主なものは、まずオペラやバレエの舞台音楽（特に『はかなき人生』『恋は魔術師』『三角帽子』）があり、ついで民謡を集めた『七つの歌』、それからピアノ曲であろう。日本でも『恋は魔術師』中の〈火祭の踊り〉（ピアノに編曲したもの）や『三角帽子』からとった組曲（管弦楽曲）はよく演奏される。

ここにあげた『スペインの庭の夜』はピアノと管弦楽のための交響的印象と呼ばれ、〈ヘネラリーフェにて〉〈遥かな踊り〉〈コルドヴァのシエラの庭にて〉と題された三つの楽章からなっている。全部が夜曲だが、その夜の趣がそれぞれ異なる。第一曲の〈ヘネラリーフェ〉というのは十二世紀サラセン人のサルタンの住居のあった庭だそうで、エキゾティックな情趣を背景にした観照的な夜曲である。第二曲では、夜の静けさを縫ってはるかな舞踏の響きが伝わってくる。第三曲は山荘の庭で、ジプシーの奏でる音楽につれて踊る人びとのさまを思わせる。この楽章は特に印象的で、白銀のようなピアノの音が、ある時は舞曲を装い、ある時は声高く朗誦するかのように響き渡って、かえってその響きの背景にある夜の静けさと深さをきくものに感じさせずにおかない。この曲では全体として生き生きした外界の雰囲気が描かれていながらも、何がなしその背後にいて冷たく静観している作曲家の眼が感じられるように思われるのだが、これは僕ひとりの思いなしであろうか。

旋律は、アンダルシアの民俗調に模し、特色あるリズムや装飾音にみち、ギターその他の民俗音楽がさかんに用いられる。ピアノはオーケストラの中に巧みにとけ合わされているが、それでいてかえって音色の特徴は鋭く生かされ、ピアノとはこんなに融和的でしかも香気にみちた音色を出す楽器だろうかと今さらのように目をみはる思いがする。これは凡百のピアノ協奏曲よりもよほど高等な使い方であるといえないだろうか。

## 58　レスピーギ『ローマの松』

Ottorino Respighi (1879–1936)

イタリアは十八世紀以来すぐれたオペラ作家こそつぎつぎと生んだものの、純粋器楽の作曲家ということになると、ドイツ、フランス、ロシアその外の国々に比べ、さしたる人を出さずにきた。しかし十九世紀の末から今世紀にかけて、ついにイルデブランド・ピツェッティ（一八八〇年生）、ジャン・フランチェスコ・マリピエロ（一八八二年生）、アルフレッド・カゼッラ（一八八三年生）らの作曲家を出すにいたった。この三人にやや先がけて生まれ活躍したのが、ここにあげたレスピーギである。彼はボローニャに生まれ、同地の音楽院を卒業、後にローマのサンタ・チェチーリア音楽院の院長になった。

作品としてはいくつかのオペラのほか、『ローマの泉』『ローマの松』『ローマの祭』の交響詩三部作をあげることができよう。

またレスピーギは音楽院を卒業してロシアに赴き、リムスキー＝コルサコフの教えをうけ、さらにベルリンに転じて、そこの音楽院にいたマックス・ブルッフ（有名な『ト短調ヴァイオリン協奏曲』の作曲家）の門をたたいた。リムスキー＝コルサコフを訪れたのは当時彼の管弦楽法の手腕が時流をぬいて進んだものだと考えたからであろうし、ドイツに赴いたのは、大規模な器楽を作曲するためには、ドイツ人の教授をうけるにしくはないと思ったからだろう。

レスピーギの作曲は、こんな次第で、特にリムスキー＝コルサコフ流の非常に色彩的な扱いをした管弦楽曲が多いし、そのうえに当時の欧州楽壇に一番新しい刺激を与えたドビュッシーの印象主義の流れをくむ標題楽が中心となっている。しかし、同じようにラテン系の民族とはいいながら、イタリアの芸術はフランスのそれよりもいっそう明瞭な輪郭と強いアクセントをもち、旋律の造型性は高いが、反面いわゆる内面的な行き方というか、暗示や間接的な表現を通じての味わいの深さにやや乏しい傾きがある。レスピーギにも、その難はなくはないようだ。

ローマの三部作の中では、『ローマの松』（一九二四年初演）が最もすぐれた作品だと考えられている。レスピーギは、他の場合と同じように、ここでも自ら音楽の「内容」を総譜の扉の裏に解説しているから、次にそれを写しておく。
（一）「ヴィラ・ボルゲーゼの松」。ボルゲーゼ荘の松林の間で子供たちが遊んでいる。輪踊りをしたり、兵隊ごっこをしたり、日暮れの燕たちのような自分たちの叫び声にきき入ったりしながらかけ廻っている。突然場面が変わる。
（二）「カタコンブ（紀元一世紀頃の原始キリスト教信者が礼拝所にした地下の墓地）の松」。その奥から歌声がきこえてくる。歌は荘厳な頌歌に高まり、また消えてゆく（レスピーギは、ここで中世のグレゴリオ聖歌の旋律を使っている）。
（三）「ジャニコロの松」。澄み渡った月光がジャニコロの丘の松の梢を、やさしくかすめてゆく。ナイチンゲールの啼き声（ここでは鶯の歌声を録音したレコードを使うようにと作曲家は指示している。これはおそらく大演奏会用の音楽としては、最初の例だろう）。
（四）「アッピア街道の松」。暁方。ローマのカンパーニャ（平原）の凄愴な風景に向かって、数本の松が警士のように立っている。思いなしか、数知れぬ足音が絶え間なしに響いてくる。詩人なら、古代ローマの威姿をみる思いがするだろう。戦士を従えて、旭日を満身に浴び、永遠の都に向かって凱旋する統領の行進のさまを……。
音楽は、知らなければ知らないでまた別の楽しみようも出来ようが、大体作曲家のこの解説通りにきこえる。管弦楽の編成はきわめて大がかりで、ことに打楽器が数多く使用され、昔ローマで肩にかけて演奏したラッパも使われることになっている。さすがにリムスキー＝コルサコフの直弟子だけに、管弦楽は朗々とよく響き渡る。

## 59 バルトーク『ピアノ協奏曲第三番』

Bartók Béla Viktor János（1881–1945）

シェーンベルクの項でのべたように、現代の作曲界では、統一的な普遍的な音楽語法は見出しにくく、代表的な音楽家とみられるような人びとは、どれもそれぞれ個性的な道をすすんでいる。バルトークも、その中でひときわ目立つ存在である。バルトークはオーストリア・ハンガリー帝国の辺境地方に生まれた。母親にピアノの手ほどきをうけたのち、一八九九年、ブダペストの音楽院に入学し、一九〇七年には母校のピアノ教授になった。

作品は、初めはリスト、ブラームス、ヴァーグナー、シュトラウス等の後期ロマン派の影響の下にかかれているが、しだいにドビュッシー風の印象主義の手法をとり入れだした。

ちょうどその頃（一九〇五年）から、バルトークは友人の音楽家コダーイとともにハンガリー民謡の採集にのり出し、その後約十年、ハンガリーだけではなくチェコスロヴァキア、ルーマニア、ブルガリア、アラビア各地にまで出かけて、総数七千ないし一万と称せられる膨大な採集を行なっている。音楽家が民謡を採集するのはさほど珍しい例ではなく、ベートーヴェンも、ブラームスも、ロシアの国民楽派の人びとも行なっているところだが、バルトークのような徹底的な打ちこみ方は尋常でない。果然その後の彼の作風は非常にオリジナルなものに変わり、バルトークといえば、当初は超民族主義的な音楽家と考えられるようになったが、この見方は今日でも相当根強く残っている。しかしバルトークがきわめてオリジナルな音楽家たりえたのは、民謡に基づく作曲をしたというだけではない。

晩年の彼の作品に、どの程度、その影響が残っているか、実は僕には確かなことが分からないが、少なくともその旋律は直接民謡に発したものではないだろうし、その作品の最も主要な価値は、彼が当時のヨーロッパの新しい傾向、つまりドビュッシーの晩年のスタイル、シェーンベルク一派の無調主義、ストラヴィンスキーのきわめて独特なリズムの駆使等の影響をくぐりぬけた後、それを彼独自の思考と感性とで綜合統一した作風にある。

バルトークが真にその面目を発揮し出したのは一九二一年からだが、その後、ヴァイオリン・ソナタ、第三から第六までの弦楽四重奏曲、『弦楽器と打楽器とチェレスタのための音楽』『二台のピアノと打楽器のためのソナタ』などを経て、しだいに作風の純化が行なわれた。

バルトークは、ナチスの圧力がハンガリーにとみに加わってきた一九四〇年、ついに祖国をすててアメリカに亡命した。もとから彼の作品はオペラ『青ひげ公の城』その他がわずかに公衆の好評を得ただけで、あまりにも非妥協的で急進的な作風のため、一部の専門家のほかほとんど顧みられなかった。文化的環境や歴史のちがうアメリカに移ってからは、公衆の無理解、あるいはバルトークの側での社会からの孤立感はますますひどくなった。そうして、やっとのことで第二次大戦の終わった一九四五年の九月二十六日、ニューヨークで恐ろしい赤貧のうちに死んだ。その時の入院や葬式等の費用はアメリカの作曲家組合その他の好意で捻出され、彼の死後にのこされたものは、ただ彼の本と妻だけだったといわれる。

しかし、そういう苦境にいても作曲は続けられた。一九四三年には『管弦楽のための協奏曲』が、一九四四年には『ヴァイオリン独奏のためのソナタ』が生まれ、翌年の夏はすでにかなり病気が重かったにもかかわらず、『第三番ピアノ協奏曲』が書かれた。といっても、この『ピアノ協奏曲』は最後の一七小節がスケッチのまま残されたが、間もなく弟子の手でかき上げられた。バルトークは、もう一曲『ヴィオラ協奏曲』をかいていて、病床で人にきかれた時、「私の心の中では完成している」と語ったという（死後弟子が補筆して出版された）。

僕は前に、バルトークの音楽は、シェーンベルクの無調主義音楽その他の新しい音楽の語法を綜合純化したものだといった。だがこれは折衷というのとはちがう。たとえば無調主義と調性的音楽とは別のもので、理論的にはまったく折衷する余地はない。だからシェーンベルクは、作曲する際に、絶対に調性的な感じをきくものに与えないよう苦心している。そうして長い間探求した結果、彼は無調主義の公式のようなものを使用するようになった。

バルトークはそのシェーンベルクの無調主義に一時近づいたが、その傾向の絶頂は、弦楽四重奏の『四番』『五番』あたりであり、ことにアメリカに行ってからは調性のある音楽にもどっている。

彼の音楽は実に緻密にかかれている。しかしシェーンベルクの抽象的でいやがうえにも複雑な書法とはちがう。もっと透明でダイナミックで、音楽以外のあらゆる夾雑物に依存しまいとする純粋な意志と透徹した知性の結晶としての音楽という感じがする。

ここにとった『ピアノ協奏曲第三番』は、前述のように、彼の最後の作品であって、その清潔な作風はさらに徹底し、まさにこれこそ白鳥の歌といわるべきものである。ここではすべてが必要不可欠なもののぎりぎりの限度まで切りすてられ削りとられている。

　ブージー・アンド・ホークス社発行のポケット・スコアのうらには死後最後の一七小節が彼のスケッチに基づいて完成されたこと。バルトークは、譜面に微細な表現記号や、演奏上の注意をかきこむのを常としていたが、この曲には、それが少ししかかかれてないから、初演に当たったユージン・オーマンディ以下が補っていることなどが断わってある。

　オーケストラは、フリュート、オーボエ、クラリネット、バスーン各二、ホルン四、トランペット二、トロンボーン三、テューバ、ティンパニ、打楽器、木琴、タムタム、シンバル、大小の太鼓、それに弦楽器からなっている。つまり、後にふれるヒンデミットの『画家マチス』とほとんど同じ流儀の二管編成で、現代音楽としては、簡素なものといってよいだろう。もちろんそれにピアノが加わる。

　前にふれたようにこの曲はかなりはっきりした調性のスタイルでかかれているのである。これは一体、どうしたことだろうか？　バルトークは一時的にしか調性をすて去りはしなかったのだが、それにしてもこの音の整理され具合は、彼の最も脂ののりきっていた頃の作品にみられた烈しい緊張からはかなり遠くはなれている。死に臨んで何か重大な信念の転換が行なわれたのだろうか？　僕にはよくわからない。ただ、いえることは、この曲は、実に僕らの胸をうつ深く澄みきったものをもっているということである。

第一楽章は四分の三拍子のアレグロで、大体ソナタ形式。ホ調の曲。

第二楽章はアダージョ・レリジオーソ（宗教的な緩徐楽章）と指定されている（これはもちろん、バルトーク自身の指示である）。調性はハ長調。弦楽器が高音から低音へ、つぎつぎとフガート風にはいってくる冒頭は、その表現指定を裏切らない。おそらく最近の音楽で、純潔で知的な、しかも澄みきった宗教的感情を覚えさすという点で、これに匹敵するものはないのではないか。中間部では速度が速められ、弦のトレモロの上を木管やピアノがきれぎれな小さな動機をならしつつはじまる。この動機は第一楽章の冒頭の主題を連想させる。動機がなお飛びちがう下を、ピアノが弦に加わって音階的に装飾する。その後でピアノが二声でフガートを奏するが、これも霊妙な美しさをもっている。

第三楽章は三拍子の（アレグロ・ヴィヴァーチェ、これは後で加筆指定した速度）、やはりホ長調。ここでも清純な作風にかわりはない。何か天上的歓喜とでもいうべきものを感じる。全曲を通じ、むだな音、情緒的なかざりをつけるための響きというものが、実に少しもない。この作品に比べれば、現代の他のあらゆるものは世俗的だ。バルトークのこの曲には、情熱がないのではなくて、人間臭いロマンティックな官能性と感傷性がないのである。ある人がこれをきいて、「神なきバッハ」といっていたが、現代ヨーロッパ人の最高の知性が到達した境地を端的にいいあらわした言葉として面白い。

## *60* ストラヴィンスキー『ペトルーシカ』

Igor Stravinsky（1882–1971）

ストラヴィンスキーは帝室オペラのバス歌手の子としてペテルブルクの近郊に生まれた。十歳の頃にはかなりよくピアノをひき、対位法を面白がって熱心に勉強したりしたが、音楽をやる決心はつかないまま大学生になった。しかし一九〇二年リムスキー＝コルサコフに会ってから、音楽に一生を捧げる決心をして、彼の下で楽式の基本や管弦楽法を学んだ。

作品三の『幻想的スケルツォ』を発表したとき、当時ロシア・バレエ団の興行主としてパリで成功していたディアギレフの注目をひき、一九一〇年の春に『火の鳥』の作品を委嘱された。つづいてかいた『ペトルーシカ』も引き続き成功し、ことにそのつぎの『春の祭典』が初演の夜から大スキャンダルとして、まれにみるセンセーションをまきおこして以来、新しい時代の尖端をゆく天才作曲家としての地位を確立した。

その後彼は第一次大戦の勃発をスイスで迎え、そのまま革命後の祖国を捨ててパリを中心に演奏に活躍していたが、一九三九年、アメリカに渡り、現在はアメリカ市民としてとどまっている。

ストラヴィンスキーの音楽は、大体初期のバレエ音楽と、第一次大戦から今日までにかかれた『ヴァイオリン協奏曲』『ハ調の交響曲』等の、新古典主義的純粋音楽というか抽象音楽というか——と二つの系統に大きく分けられる。

初期のバレエ音楽はその後組曲として、音楽だけとりだして今でもさかんに演奏されているが、どれもきわめて自由な形でかかれ、強烈なリズムと独特な管弦楽の面白さで、人をたのしませている。それに反して、バレエを離れた彼の音楽は、擬古的な構成主義の立場からかかれていて、その冷たい作風のために当然きくものを熱狂させるものとはなっていない。

彼の音楽は、どちらもロマン的な音楽に対する反動として非情緒的でメカニックであるが、前者はそこから発散される猛烈な野蛮さが一種の痛快味をもっていた。彼の後期の音楽には、古典の充実も、ロマン派の感傷性も、前期の野性味もなくなっている。ここで音楽を食物にたとえれば、古典は脂肪、蛋白、含水炭素等の重要な栄養が、均衡のとれた割合で盛られていた。しかしロマン派のそれは、脂肪とか動物性蛋白が過剰になっていたといえよう。

たとえばヴァーグナーやベルリオーズの音楽は、巨大な皿に、顔より大きなビフテキを盛ったようなものだった。そうして音楽の歴史は、大体そういった味覚を楽しませるものを多くとる方向に発展してきたのであって、現代になるにつれて、調味料までがいっそう吟味されてきた。この例はある種のラヴェルの音楽などにみられ、それは人間の腹をみたすわけにゆかないが、非常に趣味のいい料理である。ストラヴィンスキーは、初期には、ひどくからいカレーライスのような強烈な郷土色をもった料理を、従来のしきたりを度外視して差し出した。しかし後期には、むしろヴィタミン剤やブドー糖のように、栄養素を人工的に抽出して、味覚や視覚の楽しみを閉め出したような食料を公衆に差し出す。そこにはまた音楽を一種の音楽的実験と考えるような考え方も加わっているのだろう。

だから前期の音楽が野性的だといっても、自然味はなく、正確にはむしろ文明に対する反動だったように、後期のそれは、理知的だといっても、むしろ悟性的で機械的だというふうに考えられなくもない。しかし、彼の行なった実験的な手法の中でも、ポリメトリックといって、同時に二つ以上のミーターが出てくるような手法とか、ポリトナリティー（多調主義、同時に二つ以上の調性でかく手法）とかは、その後の世代に大きな示唆を与えた。

『ペトルーシカ』は、一九一〇年、彼が二十八歳の時に着想された。初め彼は、ピアノがかなり活躍する協奏曲に近い管弦楽曲をかこうと考えていたのだが、そのスケッチをきいたディアギレフから大がかりなバレエ音楽にするようにすすめられ、それに従うことにした。翌年の五月、作曲が終わり、その六月にパリのシャトレ座で初演された。バレエの主役は、ニジンスキー、カルサヴィナ、オルロフらであった。振付けはフォーキン、舞台装置はブノワ、管弦楽の指揮は、ピエール・モントゥが当たった。管弦楽は普通の四管編成にピアノ、ハープと太鼓類、トライアングルその他の打楽器が加わった相当大きなものである。

バレエの大体の筋をいうと、まず、郊外の縁日の場（第一場）。見世物小屋などが並んでいる。群集がざわめいている。その間に、ロシア民謡らしい親しみのある旋律が奏される。そこへ人形遣いが出てきて、前口上をのべる（フリュート）。そうしてペトルーシカ（道化役）、黒ん坊、踊り子の三人の人形に杖をふれる。人形は急に動き出して芝居をはじめる。三人の踊り子の「ロシア舞踊」もやはり民謡によっている。

第二場はペトルーシカの居間。踊り子に恋している彼がひとり悶々としているところへ、当の踊り子がひょっくり入ってくる。さっそく胸の思いをのべ、かきくどくがきかれない。

第三場は黒ん坊の居間。黒ん坊が奇妙な踊りを踊っているところへ踊り子がやってくる。二人の舞踊。黒ん坊が興奮して踊り子を抱擁する。ペトルーシカがはいってくる。恋がたき同志の大乱闘の末、ペトルーシカは外へ追い出される。

第四場は再び見世物小屋の前の雑沓。群衆がさまざまの踊りをしているところへ、ペトルーシカが黒ん坊に追われて逃げてくる。黒ん坊は大きな刀で彼を斬殺する。ペトルーシカの断末魔の嘆き。人形遣いがやって来て、彼の死骸をひきずってゆく。小屋に入ろうとすると、軒にペトルーシカの幽霊が出ている。

## *61* コダーイ『ハーリ・ヤーノシュ』

Kodály Zoltán（1882–1967）

コダーイは、ストラヴィンスキーやイタリアのマリピエロなどと同じ年の生まれである。生国はハンガリーで、同郷の同僚としては一年年長のベーラ・バルトークがいる。十八歳でブダペスト音楽院に入り、ブラームスやドビュッシーの影響をうけたといわれる。ついでバルトークと共同でハンガリーおよびその周辺諸国の民謡の採集を行ない、その数は三千を越える。この仕事は、単なる採集を越えて学問的にも貴重な価値をもつものだが、作家としても、作風を形成するうえで、そこから大きな影響をうけた。その後、母校の作曲科教授を経て、現在では同院長やハンガリー芸術院長の顕職にあると伝えられる。

作品には、無伴奏チェロ・ソナタ、弦楽四重奏等の室内楽や、大規模の合唱曲その他の声楽曲、オペラなどがあるが、現在の演奏会を通じて、一番広く愛されているのはここにとった『ハーリ・ヤーノシュ』であろう。

この曲は、初めオペラとして作曲されたが、そこから抜萃して演奏会用組曲として、編成されたものが、よくきかれる。

話の筋は、田舎の老兵が村人を相手に若い頃の手柄話をするのだが、それがまったくふるっていて、美しい王妃に恋されたとか、ナポレオン相手に大合戦をやり、一騎打の末あやまらせて、凱旋将軍としてヴィーンの皇帝に鄭重に迎えられたとか、あまり出鱈目なのでかえって嘘か本当かけじめがつきかねるような話の連続なのだ。

組曲は六曲からなり、第一曲は「話の初まり」。ハンガリーには、聴き手がくしゃみをすると、その話は本当だという言い伝えがあるそうで、曲はまずそのくしゃみからはじまる。フリュート、ピッコロ、オーボエ、クラリネット、それにヴァイオリンその他の弦楽器が、半音階的に飄々と上昇して、グリッサンドの強奏で下降する。それから、おもむろに「昔々」がはじまる。

第二曲は、「ヴィーンの宮殿の音楽時計」。カンパーネ（鐘）やカリヨン（金属棒を幾本も吊して鐘楽を模する）がかんかん響く中を、木管楽器が何とも楽しく無邪気な旋律を奏する。小太鼓、トライアングル（小さな金属棒を三角にはった打楽器）が賑やかに交えられる。何のこともない単純な音楽だが、十九世紀末から音楽が押しつけがましい荘厳さを装ったり、感傷的になったりして、非常に重苦しくなってきてのち、今度は印象派が出てきてきわめて繊細ではあるが、密室的雰囲気の中に溺れかけていた頃、このように手ばなしの明るい音楽がハンガリーのような国から生まれてきたことは、もちろんこの一作で世界の音楽の大勢をどうするわけのものではないにしろ、世界の楽壇にかなり開放的な明るい風を吹きこむことにはなったろう。

第三曲は「歌」。ハンガリーの民謡による。ヴィオラの独奏ではじまり、ツィンバロム（ハンガリーのジプシーなどがよく使う金属弦の平琴。撥《ばち》を使って、叩き廻る）が、特異な音色で伴奏する。

第四曲は「合戦とナポレオンの敗北」。非常なギャグの感じられる曲で、進軍ラッパその他の旋律の音程がさかんに上ずったり、調子から外れたりする。絵画用語でいえばデフォルメされているのである。『ラ・マルセイエーズ』がもじられて、フランス軍の敗北や、ナポレオンの葬送行進曲（サクソフォンの独奏）を暗示する。

第五曲は「間奏曲」。ここにもハンガリー民謡が使用されているらしい。切分法の多い跳ねるようなふし。アンダンテ・マ・コン・フォーコ（熱烈に）というのだが、性格は何かはっきりしない。

第六曲は「皇帝の入御」。再び行進曲風の明るい陽気な曲。宮殿の豪華も皮肉でなしにどこか間が抜けて思われる。

こんなふうに、これは重苦しさと過度の繊細さや感傷を脱した音楽だが、けっして田舎くさくはない。むしろ粋できびきびしている。管弦楽は多くの打楽器を交えて、きわめて奔放に自由に駆使され、しかもむだがない。各個の楽器に与えられる役割も、それぞれの特性によく合致するようにかけている。いつか指揮者の山田和男氏がラジオで、「日響の楽員たちが、楽器の小手調べをする時など、よくこの中のふしを吹くすると誰かがそれに合わせ、いつの間にか大ぜいが合奏することになる。そのくらい楽員たちに愛される曲だ」と話していた。きっと、そうだろう。

## 62　プロコフィエフ『古典交響曲ニ長調』（作品二五）

Sergei Sergeyevich Prokofiev（1891–1953）

プロコフィエフはウクライナに生まれ、幼い時から母にピアノを習い作曲も試みた。しばらくタネェエフ、グリエルなどに指導してもらった後、十三歳でペテルブルク音楽院に入り、十年間ここで学んだ。教師の中にはリャドフ、リムスキー＝コルサコフ等の名がみえる。十九歳の時作曲した『第一ピアノ協奏曲』でルビンシテイン賞を得たが、その後しだいに近代音楽に興味が向き、スクリャービンやマックス・レーガーから深い感銘をうけた。そうして作風もいわゆる近代音楽的なものに一変した。この頃の彼の音楽は、ロマン的な情緒を退けてどぎついリズムや不協和音が大胆に使ってあって機械のような印象を与える。和声はむしろ粗笨であり二つの調性を同時に使っている(多調音楽)。

こうした作風が第一次大戦直後くらいまでつづいたが、普通これはプロコフィエフの初期の作風とよばれていて、代表的な作品としては、『第二ピアノ協奏曲』『スキタイ組曲』『第一ヴァイオリン協奏曲』がある。その後プロコフィエフは革命直後の祖国を離れて、アメリカに渡った。その折(大正六年)、日本にも立ち寄って、東京の帝国劇場で二晩、自作のピアノ曲連続演奏会をひらいた(それには大田黒元雄氏がいろいろと世話をしたときいたことがある)。彼はさらに欧米各国を転々としたが、その時も作曲家兼ピアニストとしてさかんに活躍した。その間彼は、『第三ピアノ協奏曲』『第二ヴァイオリン協奏曲』等の大作や、幾多の室内楽、それからバレエ音楽『三つのオレンジの恋』その他を作曲したが、この頃になると作風は今までの半音階的なものから伝統的なものに変わっている。一九二七年、祖国に帰り、今ではソ連楽壇の重鎮として重きをなしている。近作には『第五』および『第六交響曲』がある。

ここに挙げた『古典交響曲』は第一期から第二期への転換期に立つ作品の一つで、一九一七年、二十七歳のとき書かれ、翌年レニングラードで作曲者自身の指揮で初演された。それゆえこの曲では、すでに初期の特徴は和らげられている。

管弦楽の編成は、フリュート、オーボエ、クラリネット、ファゴット、ホルン、トランペット各二、それにティンパニと管楽器が加わっているだけであるから、モーツァルトのそれとほぼ等しく、現代音楽のそれとしてはきわめて小規模なものである。

第一楽章はニ長調でアレグロ、四分の四拍子。ソナタ形式だが、第一主題も第二主題も同じニ長調で提示されるところが変わっている。展開部は主として第一主題に拠る。まったくロマン的感傷を交えない点はこの曲全体を通じる態度だが、非常に簡潔なタッチでさっと一息にかかれている感じ。

第二楽章はイ長調の歌謡的な主題に、二つのエピソードを配置した簡単なロンド形式。二分の二拍分のラルゲットで抒情的な楽章に相当するわけだが、ベートーヴェンなどにみるような瞑想的な感じは避けてもっと軽快にかけている。

第三楽章はあまり速すぎないアレグロで、ニ長調、二分の二拍子。バッハの組曲などによく用いられたガヴォットのスタイルでかかれている。弦楽器と木管楽器が反復し合う単純な主要部がト長調のトリオを中にはさんでくり返される。

終楽章はモルト・ヴィヴァーチェ、二分の二拍子。ソナタ形式だが、ト長調の第一主題に対し第二主題はイ長調で提示される。無窮動的な感じに現代のスピード観が反映しているのであろうか。

現代の音楽の中には、人間の情緒や感覚性を強調したロマン派や印象派を離れて再び純粋な音楽的な考え方に帰り、緊密な構成、音感の純粋を尚ぶ新古典的な傾向にゆこうとするものがある。『古典交響曲』はその一つの表われであろう。

## *63* オネゲル『パシフィック二三一』

Arthur Honegger (1892–1955)

オネゲル（日本ではよくオネガーと呼ばれている）はドイツ系のスイス人を両親として生まれ、初めチューーリヒ音楽院に学び、ついで一九一一年パリの音楽院に入学した。一九一六年、パリで五人の若い音楽家と組んで、一つのグループを作った。これが同じ年生まれのダリウス・ミヨー以下デュレー、タイユフェール、プーランク、オーリック、それにオネゲルらによるいわゆる「六人組」である。

彼らはドビュッシーと同時代の風変わりな音楽家サティを師とあおぎ、詩人のコクトーに支援され、第一次大戦後のパリで派手な活躍をした。その作風は必ずしも同じ方向を目差したものでないし、デュレーとタイユフェールは、たいした作曲家にもならなかったが、後の四人はそれぞれ音楽家として相当な足跡を残すにいたった。

とくにオネゲルは印象派全盛の中に育ちながらよくその影響をきりぬけて、フランスに新しい現代的な作風を樹立した点をみても分かるように非常に個性的自覚と性格の強い音楽家である。

もともと六人組をリードしたサティはいわばアンティ・インプレッショニストで、日の出の勢いのドビュッシーにおさえられはしたものの、その音楽は対位法的な（つまり線のはっきりした）非情緒的な音楽家だった。しかしサティには自分の主張する音楽を完全にかききるだけの力があったかどうかは議論のわかれるところで、残された音楽にはアイデアだけが目立つ骨みたいな感じを与えるものが多い。

オネゲルはその彼の主張からどのくらい動かされたかわからないが、前述したようにドイツ系の血と教育をうけた関係もあるのであろう、印象派を超えた新時代の作風を樹立することに成功したのは事実である。

彼の最も顕著な手法上の特徴は、フランス人には珍しい対位法的なスタイル、形式上の構成の明確で逞しいこと、それから、フランス語を歌わすディクションのうえでの独創的な工夫などであろう。また非常にダイナミックで、多少荒削りではあるが、逞しい驀進力と爆発力をもつ音楽効果を巧みに扱うこともそうで、これは当時のフランス音楽の状態からみてむしろドイツ的な性格と見なされたかもしれないくらい、伝統に馴染まないものだった。しかしオネゲルは、たとえばその無調に近い不協和音続出の技法をとってみても、ドイツのシェーンベルクの一派のように、非常に理詰めで抽象的な操作の結果というようなものではなく、その点では、やはりフランスの伝統的な洗練された音感に根ざしたものであると考えられる。つまり、彼もまたフランス音楽の母とドイツ音楽の父をもった芸術家だということができよう。

作品には室内楽や映画音楽（日本に来たものでは『最後の戦闘機』『罪と罰』等）のほか劇音楽が多く、バレエ『エッフェル塔の花嫁花婿』〔コクトーの台詞〕、『セミラミス』『アンフィオン』〔ともにヴァレリーの台詞〕等があり、ことに交響的オラトリオでは『ダビデ王』、『火刑台上のジャンヌ・ダルク』〔クローデルの脚本による〕、『クリストフ・コロンブス』等が代表的な傑作といわれている。その他『弦楽のための第二交響曲』もよい作品だといわれるが、私はきいていない。また最近『第五交響曲』を発表した。

ここにとった交響的運動『パシフィック二三一』は、一九二三年に作曲された。題名はアメリカの大型機関車で、前輪二、中輪三、後輪一をもつ型のものをさす。この曲の総譜の解説に、あるインタビューのことがかいてあるが、それによると作曲家はこの曲についてこんなふうにいっている。

「私はいつも機関車に熱烈な愛情をもっていた。他の人びとが女や馬を愛するように、私は機関車を愛する。『パシフィック二三一』は、機関車の騒々しい音をまねたものではなくて、視覚的な印象と生理的な喜びを音楽的なものに移そうとしたものである。作品は即物的な観察から出発する。静止している機械のゆったりした呼吸、始動の際の緊張、しだいにます速度、これが深い闇夜をつんざいて、時速百哩《マイル》で疾走する百二十トンの汽車の壮烈な状態に達し、抒情的最高潮がえられる……」

曲は正しく、オネゲルのいうような効果を与える。とくに汽車がはしり出すまでの描写は、幼稚といえば幼稚だが、よくかけているし、現代的なセンスに訴えるものをもっている。管弦楽の扱い方にも、いろいろの新機軸があみ出されている。

こんなふうに近代フランス音楽にあって、ドビュッシーにくらべて、もっとドライ(乾燥して)で、少なくとも古い意味では文学的でも詩的でもない対象を扱っているところが、前大戦後の、即物的で建築的で、しかもダイナミックな芸術を求めた気運によく合致していたのも、この作品の成功に与って力があったのであろう。また標題音楽をかくのに機関車を題材にとるなどというのは、第一次大戦前後のピカソないしはファン・グリその他の抽象的立体主義の画家が、それまでの絵画に絶対になかった機械や無機的な物体を描いたのと並行現象といえるのではなかろうか。

オネゲルは、この成功にひきつづき、交響的運動第二、第三をかいた。第二は『ラグビー』と題され、二つの主題が対位法的に扱われる。『第三』にいたると、もう題名はなく、純粋に音の運動の曲線と速度とを組み合わせただけで作られている。

## *64* ヒンデミット『画家マチス』

Paul Hindemith（1895–1963）

ヒンデミットは第一次大戦後から最近にかけてのドイツの最も代表的な作曲家とみられている人であり、才能にめぐまれた非常に聡明で多産な音楽家である。フランクフルトの音楽院を卒業後、同地のオペラの首席ヴァイオリン手をしたり、友人と語って組織した弦楽四重奏団（アマール四重奏団、ヒンデミットはそこでヴィオラをひいた）を組織したり、現代国際音楽協会の中心人物の一人として現代音楽の紹介普及に尽力したりしていた。

一九二七年以後は、ベルリン高等音楽院の作曲科主任教授に就任していたが、一九三四年、『画家マチス』の初演で好評を博して間もなく、ナチス文化院の非難をうけた（文化的無政府主義およびユダヤ人芸術家と協力したという理由による）。そのためにスイスを経てアメリカに渡り、現在はエール大学音楽科教授をつとめている。

ヒンデミットの登場した頃のドイツ楽壇は第一次大戦敗戦後の混乱期にあったのだが、さらにいえば、シェーンベルクの項でのべたように、ドイツ音楽自体も過去何世紀かの膨大な遺産の下で身動きならぬほどの行詰まりにいたのである。その渦中から出発したヒンデミットの作曲も当初はきわめて急進的破壊的な作風によっていた。この人たちには、過去の重圧から脱して、自分自身の足で立ち、自分自身の肺で呼吸し、自分自身の声をあげることが、何よりも緊急事だったのだ。

ヒンデミットは、特にドイツ人にとって息苦しい重圧となってのしかかっていた芸術のロマン主義的伝統に反逆するために、単に作曲技法といった技術的な面のみでなく、「音楽家が霊感によって自分自身の内的な要求にのみ忠実に創作していた時代は去った。今や、かつてのバッハの如く、モーツァルト、ハイドンの如く、外部の注文に応じて、それぞれの機会が求めるものに従順に答えて作曲すべきだ。芸術家は住宅や家具を注文に応じて作る職人となるべきだ。しかし、その椅子や建築は、あくまでもよく作られ、実用上欠陥のないものでなければならぬ。こうしたことを通じて、芸術家はロマン派芸術観以来の必然的な帰結であるところの自意識の過剰、自己満足的耽溺、公衆との乖離等から立ち直り、もう一度健康素朴な活動家に戻ることができるだろう」と主張した。いわゆる「実用音楽」の提唱である。このように彼の反ロマン主義的態度は、当初は時代に対する反逆的な作風となって表われ、極端にシニックな作品をうんだ。

その後の彼の道程はここで細かく追ってゆくわけにゆかないが、大体の方向を整理してみると、次のようなことになろう。近代音楽の和声偏重をすてて、バッハおよびその以前の多声的対位法的な手法をとり、旋律の造型性や形式の明確さを尊重する。つまり彼はプロコフィエフやオネゲルと、技法や気質は異にするが反ロマン派的、反印象派的な点で一脈通ずるものがあり、大雑把にいって、二十世紀新古典主義の代表的音楽家という名を冠せることができるだろう。彼はまたシェーンベルクらとちがって、無調主義はとらず、基音の観念を思いきり拡げることによって、つぎつぎと複雑化する音の組合わせを、調性の中で捉えようとしている(拡大された調性主義)。

作品は、弦楽四重奏曲、ヴィオラ・ソナタその他の室内楽や、各種の独奏楽器と管弦楽のための数多くの協奏曲等の純音楽のほか、オペラ(『ゆきとかえり』『今日のニュース』他)や歌曲(リルケの詩による『マリアの生涯』)等があり、渡米後の作品では、ホイットマンのリンカーンを謳った詩に基づくアルト、バリトン、合唱および管弦楽のための『リラの花が最後に戸口に咲いた時』(一九四六年初演)、あるいは『ヴェーバーの主題による交響的変容』その他がある。

ここにあげた交響曲『画家マチス』は、前述のように、一九三四年初演された。演奏にはドイツ第一の指揮者フルトヴェングラーが、ベルリン・フィルハーモニーを指揮してこれに当たった。

初めはオペラとして作曲されたものだが、のち作曲家はそこから抜萃した三つの音楽をまとめて、交響曲とした。

マチスといっても、このオペラは現代の大家アンリ・マチスではなくて、十五世紀末から十六世紀前半に活躍した南ドイツの宗教画家マチアス・グリューネヴァルトの生涯を扱ったものである。交響曲のほうは、そのマチスがアルザスのイーゼンハイムの教会の祭壇にかいた『天使の合唱』『埋葬』『聖アントニウスの誘惑』の三つの宗教画を主題とする三楽章からなる。したがって、これは一応、標題音楽ということになるかもしれない。

しかし、音楽は形のはっきりしたもので、画面によって喚起された感銘を表現してはいるのだろうが、音楽自体としても、純粋器楽的様式で、きわめてがっちりとかかれている。オペラの中ではどうあつかわれているか知らないが、このくらいにがっちりかかれた複雑な大曲がはいっていては、オペラのつもりできく人はかなり骨がおれるだろう。この作品は、しかし、ヒンデミットとしては、比較的抒情的で情緒的な傾向が強く、錯雑した多声的スタイルというよりは、むしろかなり単純化されたものといえよう。初演以来、ヒンデミットの作品中最も普及した傑作とされているのもそのためであろう。

管弦楽の編成はフリュート二（ピッコロ二）、オーボエ二、クラリネット二、ファゴット二、ホルン四、トランペット二、トロンボーン三、テューバ、ティンパニその他の打楽器、それに弦楽器と、ほとんどベートーヴェンのそれとちがわないもので、現代音楽としては珍しいくらい、古典的でつつましい「二管編成」である。

第一楽章はこの曲の中で一番感銘の深い楽章で、「三人の天使の歌」という注をもった、トロンボーンのやさしい吹き出しをもった導入部と、大体ソナタ形式の規準でかかれたアレグロの部分からなる。終わりに第一、第二主題を組み合わせたフガートがある。ここも、きわめて高度な洗練された知的なスタイルでかかれている。

第二楽章は「きわめておそい」哀歌。

第三楽章は朗誦風に「きわめておそく」奏される導入部から「急速な」中心部分に移り、ホルンによる聖歌「ラウダ・シオン」の旋律の吹奏があって、最後に金管の合奏による雄大な「ハレルヤ」で結ぶ。

## *65* ハチャトゥリアン『ガイーヌ』

Aram Il'ich Khachaturian（1903–1978）

ハチャトゥリアンは現代ソヴィエトの代表的な音楽家の中、一番若い世代に属するのであろう。生まれはアルメニアのチフリスであるから、スターリンと同郷ということになる。十九歳でグネーシン音楽学校に入り、その後モスクワ音楽院の卒業作品に『第一交響曲』をかいた。『ピアノ協奏曲』（一九三七年）、『ヴァイオリン協奏曲』（一九三九年）、『第二交響曲』（一九四三年）、いくつかの劇音楽のほか軍歌、映画音楽などもかいている。

アルメニアは中央アジア諸民族の民謡の宝庫といわれているくらい、いろいろと変わった旋律に恵まれたところで、ハチャトゥリアンはそれを使って、というよりその生のままの野性的なふしを、きわめてどぎついリズムと、プロコフィエフ張りの大胆な不協和音でうらづけつつ、大胆に投げだす。それにロシア音楽伝統の色彩的な派手な管弦楽法は、ハチャトゥリアンの手にかかるといっそうおしすすめられ、音楽の生地は生々《なまなま》しい、ほとんど楽器の生地の音そのままからなる、いわば原色的な効果でぬりつぶされる。音楽のスタイルはたいてい非常に簡単で、一口にいえば、まずふしの部分と猛烈なリズムの部分とを並べたにすぎない。つまり、徹底的に知的でない、いわゆる「野性」そのままの音楽である。しかし旋律には時として何か奇妙に甘美な、牧歌的な趣のものが使われていることがあり、そんな場面には、たとえ内面的な感動ではないにしろ、多少の感傷を誘うものがある。

ここにとった『ガイーヌ』は一九四二年初演された同名のバレエから抜萃した組曲で、その年のスターリン賞を与えられた作品である。

バレエは、アルメニアのガイーヌという女が密輸入者の夫に苦しめられ、密告をしたため、傷を負わせられるが、国境守備の隊長に救われ、逃亡した夫とわかれて、隊長と結婚するという筋をもっている。組曲はそのうち、二人の結婚を祝って、ソヴィエトの各地から集まった人びとの踊る民族舞曲を中心として編まれている。

第一組曲は、

(一)「剣の舞」。クルド族の出陣の踊り。金管の奏する激越な旋律の部分が、フリュートと弦との哀愁をたたえた旋律の部分をはさんで、前後に出てくる。曲中最も印象的な音楽で、ジャズに編曲したものもさかんに演奏されている。

(二)「ゆりかごの歌」。ガイーヌが子供をねかしつける場面につけたものであろうか。八分の六拍子のゆるやかでエキゾティックな歌。ときどき鋭い木琴の響きが聞こえるのは野鳥の声ででもあろうか。

(三)「ばらの乙女たちの踊り」。木琴のリズムにつれて、木管が単純な旋律を明るく奏する。山間の乙女たちの無邪気な踊りなのであろう。

(四)「アイシェの目覚めと踊り」。アイシェは美の象徴だそうであるが、踊りの部分はやさしい抒情的な舞曲。ゆるやかにはじまり、弦やフリュートが美しく歌う中を、曲はしだいに高潮してゆく。
（五）「クルド族の踊り」。これは非常にミリタント（好戦的）な舞曲。野蛮で豪壮なものだ。
（六）「アルメンの変奏」。暗く不安定な情趣にみちた踊り。
（七）「クルド族の若者たちの踊り」。これも激しく戦闘的な曲。ジャズ的なリズムがここでも縦横にはねまわる。結尾の部分は暗く不気味である。
（八）「レズギーンカ」。アルメニアの民族舞曲。これも烈しい野性的な性格の曲である。

第二組曲は、四曲からなる。
（一）「ロシア人の踊り」。これは、あきらかに意識して、旋律をジャズのイディオムにもじっている。
（二）「アンダンテ（序奏）」。バレエの入りに使われる序奏かどうかよく分からぬが、不安と懊悩を予告するような不安定な趣にみちた遅い音楽。
（三）「ガイーヌのアダージョ」。舞踊用語のアダージョはバレリーナのソロを示す。やわらかな抒情的な音楽。
（四）「火焔」。これもあまり烈しくない、きわめて音楽的だが、その音楽の中には、ドイツやフランスの音楽にみるような、知的なものがほとんどまったく欠けている。

ということは、大体ロシアの音楽家の全体についていえるのだが、その伝統の一面を、ハチャトゥリアンほど端的に鋭く象徴している音楽家も少なかろう。その意味で、彼は現代ロシアの代表的音楽家である。こうした音楽家たちが最も成功するのは、いうまでもなくバレエ音楽である。バレエの場合、音楽それ自体の中に高度に知的な操作が展開されている必要はなく、むしろ邪魔になる。

さて、ひるがえって西欧では、ドイツのシェーンベルクの場合のように、あまりに知的で頭脳的になったため、生命的なものに訴える力も失ってしまったり、フランスのラヴェルにみるように、あまりに感覚的に微細な点まで洗練されすぎて、精緻だが皮相的な人工的なものになってしまったりしてきた後、ソヴィエトのような国から、このような荒削りで、本能的なものが生まれてきたことは、たとえその作品自体はなおあまりに粗笨で野蛮であって、本当の創造力のよみがえりだとは考えられないとしても、なお人類には生命的創造力がすっかり失われたわけでないことを示す兆候として、よろこぶべきだろうか。それとも、このような粗雑なものの中に創造の深いよろこびのよみがえりを見るということこそ、むしろ、いかに現代の人間の芸術的感受性が荒廃し、芸術の高貴と厳正に関する感覚が失われてしまったかということの証拠だと見るべきだろうか。

# 66　ショスタコーヴィチ『交響曲第五番』（作品四七）

Dmitri Dmitriyevich Shostakovich（1906－1975）

ショスタコーヴィチは、プロコフィエフやハチャトゥリアンとならんで、ソ連を代表する重要な作曲家であるばかりでなく、現代の音楽の形成に大きな役割を果たしている芸術家である。彼は幼年の頃にソ連の革命という世紀の大事件に遭遇したわけだが、その硝煙も消えやらぬ一九一三年、十三歳の時その頃のソ連楽壇の重鎮グラズノフの推薦を得て、レニングラード音楽院に入学した。在学中にも作品一から一〇までの作曲をしたが、卒業の年（一九二五年）に完成した『第一交響曲』で、ソ連ばかりでなく、広く世界的に知られる作曲家となり、ソ連当局も、革命の洗礼をへた新しき時代の天才児として、鳴物入りで世界に紹介したようである（この曲は日本でも一九三一年に初演されている）。ロシア音楽の研究家中根宏氏の論文（『フィルハーモニー』一九四九年二月号）に発表された氏宛の作曲者の書簡によると、彼は「その頃までは、自分はロシア国民楽派の《五人組》の影響下にいたが、その後しだいに西欧の現代作曲家ヒンデミット、ストラヴィンスキー、クシェネックらの影響を感ずるようになった」といっている。そのうえに同じソ連のプロコフィエフの影響をも、かぞえることができそうだ。その後も、『第二』『第三交響曲』が生まれ、多くのバレエやオペラ、映画および演劇用の音楽がかかれている。作品の番号でいうと、一三から三〇いくつくらいまでの期間である。一九三三年、ショスタコーヴィチが三年がかりで営々辛苦してかいたオペラ『ムチェンスク郡のマクベス夫人』が初演された。この作は、田舎にすむ良心的な女を主題に、ブルジョワ、物欲につかれた商人階級の荒廃を鋭くついたもので、作曲者は「悲劇的諷刺」とよんだものだが、作品は非常な反響をよび、アメリカでも翌年上演されるし、ソ連でも、世界各地から関係者を集めて大々的に披露されたという。ところが、一九三六年、共産党の中央機関紙プラウダは長文の批評をのせて、この作品は様式的にはごちゃまぜで、政治的内容を全然もたず、ブルジョワ聴衆に阿《おもね》る以外の何ものでもない。作風も西欧のモダニズムや形式主義に追随する「過激派的芸術」だ、という具合に手きびしく非難した。ショスタコーヴィチはこの事件以来「二、三の作品をかいたきり、反省と思索の生活に入った」（中根氏、前論文）。そうして、その翌年着手してかき上げたのが、ここにとった『第五交響曲』である。これは十一月二十一日の革命第二十周年記念日に初演され、朝野の絶讃を浴びるにいたった。その後、彼はなお四曲の交響曲をかき、室内楽（ピアノ五重奏曲および三重奏曲）と『第七交響曲』のために、三度スターリン賞を得ている。しかし一九四五年、終戦とともに発表した『第九交響曲』で、またしても党の非難をうけ、一九四八年、プロコフィエフ、ハチャトゥリアン以下の代表的な作曲家六人とともに、「ソヴィエト民衆とその芸術趣味から遠い、形式主義的歪曲と非民主主義的傾向をもち、チャイコフスキーやリムスキー＝コルサコフらの民族的古典的伝統の主要な原則を否定し、無調主義、不協和音、反和声、旋律の無視等を通じて、音楽を騒音と混沌たる音の積み重ねに変えてしまった」という「批判」をうけ、ついにモスクワの音楽院の教職から追われたと伝えられる（同じくハチャトゥリアンも、ソヴィエト作曲家組合の重要な地位を奪われたらしい。なお以上は大体その前文と同じ号の『フィルハーモニー』誌所載の松本太郎氏の論文に準拠した。しかしその後ショスタコーヴィチは、一九四九年三月、ニューヨークにおける世界平和のための文化科学会議に、ソ連代表の一人として出席している）。

このようなめまぐるしく変転する、ソ連当局のショスタコーヴィチに対する評価をどう判断すべきかは、軽々には断ぜられないが、以上くだくだしく諸氏の論文を引用したのは、読者に事情の輪郭だけでも知っておいてもらいたいと思ったからである。ともあれ、現代における芸術家の運命は、いろいろな意味で、厳しく多難である、ショスタコーヴィチの運命は、その一つの例であり、問題はあえて芸術と政治の衝突ということにだけ解すべきではなかろう。

一流の芸術家は、すべて作品のどこかで、自己の運命を語っているものだと思う。

それは何もベートーヴェンの場合に限らない。一生を黒人の郷愁の悲歌をかきつづけたフォスターは、すさんだ生活の後酔っぱらって転んだ傷がもとで、ニューヨークの下宿で犬のようにみじめに死んでいった。二世紀にわたるドイツ音楽の偉大な遺産を一身に背負うほどの天才をもちながら、いつしか成功に酔い、自己過信に陥った結果、他人を軽蔑し、ナチスが興れば平然と協力し、ナチスが倒れればヒトラーを悪罵しつつ、八十五歳の長寿をまっとうして、豪壮な山荘で死んでいった『ツァラトゥストラ』や『英雄の生涯』『ドン・ファン』の作曲家リヒァルト・シュトラウスの『アルペン交響曲』をきいた時、一番私に印象が深かったのは登山の物々しさにくらべて、「山頂にて」と題された部分の貧弱さだ。あすこには、音楽的内容のまったくない、貧弱な響きだけしかなかった。ヨーロッパ音楽の世界で、最高の頂に登りつめた果てに一体シュトラウスは何をみたというのだろうか？

解説に戻ろう。ここにとった『第五交響曲』は、前述のような時期にかかれた音楽であり、規模の充実（単に長大だというのならその後かかれた『第七』『第八交響曲』のほうがまさるだろうが）と終曲の強烈な凱歌風の結びなどのため、ベートーヴェンの『第五』とよく比較される。この曲に対する「革命」という渾名《あだな》は、革命記念の日に初演されたからだということで、この曲の中に革命のどういうことがどういう具合にかかれているか、僕にははっきりいえない。と同時に耳のある人は、そうしたやり方でなしに、作曲家の「思想」を、この音楽からきき出すことができるだろうと思う。

第一楽章はモデラート・エ・アレグロ。四分の四拍子でニ短調。まず弦の低音と高音とで、最初の旋律をカノン（一つのふしがちがう声部に相次いで現われる手法）で歌い交わし（この旋律はベートーヴェンの作品一三三の弦楽四重奏のための『大フーガ』の主題に似ている）、その楽想をしばらく発展させたのち、すべての弦楽器が短々長のリズムを執拗にくり返すうえを、第一ヴァイオリンが飛躍の多い表情的な旋律を奏する（これが第二主題であろう）。展開部の終わりに、提示部に現われた要素が強大な行進曲風の金管全奏を伴って組み合わされて出てくるところが印象的である。つづく再現部は提示部とかなり変わって、ここでも諸楽想が緊密に組み合わされている。

第二楽章は古典的な形のスケルツォでアレグレット。四分の三拍子、イ短調。第一主題につづくホルンの旋律や、トリオ部の軽妙な、いくぶんギャグがかった旋律は、この曲の中で、一番耳につきやすいふしだろう。

第三楽章は嬰ヘ短調のかなり長いラルゴ。四分の四拍子。弦楽と木管楽器だけで通奏される。旋律に特異性はないが、弦楽合奏にみるようないかにも響きのうすい、細やかな手つきでかかれたような曲。何か永遠にして平和な、母なる大地に対するノスタルジアとでもいったものを感じさせる。他の楽章で、あんなに景気よく金管や打楽器を鳴らしたてていたのと同じ音楽家から生まれたとはちょっと考えられないくらいである。僕は四、五曲しかきいていないが、ショスタコーヴィチの曲には、いつもこうした蒼白い神経質とでもいいたいような、繊弱で唯美的な楽章がはさまれている。しかもそんな楽章にかぎって、概して旋律の形も明確でなく、きき終わると、いつも心にひめた最も大切な言葉は、結局いわずに帰ってゆく内気な人と対談していた後のような感慨が残る。作曲家自身は、この曲を発表した時「自分は第三楽章に一番満足している」と語っていたそうだ。

第四楽章アレグロ。四分の四拍子（調性はニ短調からはじまり、ニ長調に終わる）。これは凱旋の歌。先立つ楽章を終えてここにくると、ちょうどベートーヴェンの『第五交響曲』と同じような、解放と勝利の気分が漲《みなぎ》るはずだと作曲家は考えていたのであろう。コーダの三〇小節は、ほとんどの楽器はイ音をならし放しで、ティンパニがニ音イ音を連打するだけ。勇しいが、空虚でもある。

この曲は古典の交響曲の形式をふんでいるし、旋律も概して覚えやすく馴染みやすい。しかも、管弦楽は大体三管編成で、それにハープ、ピアノのほか大小太鼓、タムタム、シンバル、木琴、チェレスタ等の打楽器が加わって実に賑やかだが、その実体は多くの場合、三声か二声かの単純なスタイルでかかれている。ショスタコーヴィチの音楽は、シュトラウス、ラヴェル、ストラヴィンスキーはもちろん、同じソ連のプロコフィエフや隣国のシベリウスの曲をきいた後でも、元気はよいし器用だが、何か空疎で皮相にきこえるところがある。それが果たして上すべりしたもので、人間の深い内的生命的なものと切りはなされたものであるか、それともこういうのが新しい人間の本当に健康で素朴な明快さなのであるか。ショスタコーヴィチの評価は、一つにその点に、かかっているのであろう。

# 著者付記

この巻には二つの本が入っています。まず『音楽家の世界』という本。これはずいぶん前に書いたもので、もともと実業之日本社発行の『新女苑』という雑誌の付録用にという注文で書いたものです。これはもちろん女性雑誌であるが、実業之日本社の社長さんというのが女性の教養ということについて熱心な人で、雑誌の付録として、文学、演劇、美術、音楽の諸分野にわたり、それぞれ世界の名作を解説したものを別冊付録につける、というプランをたてた。文学は「近代文学」の同人の平田次三郎さん、演劇は桑原経重さん、美術は田近憲三さん、それから音楽は私というような執筆者の顔ぶれだったと思う。

戦後何年目かの年末で、私は非常に貧乏していた。たしか全部で原稿用紙に二百枚分だったろうか。注文がきたので非常にうれしかった。それで、その二百枚を二日間で――そのかわり、文字どおり四十八時間全然休みなしに書きに書いて仕上げたのを覚えている。寒かった。当時はまだ石油ストーブも何もないころで、練炭という――今の方々ご存じかどうか――、石炭の粉を練って固めて、火をつけると長くもつのだけれども――それを火鉢に入れて、その上に足をのっけて、熱が逃げないように毛布かなんかかけて暖をとりながら書いた。下半身のほうは暖かくなるけれども、部屋はちっとも暖まらない。要するに半分ふるえ、半分暑くなったような状態で書いた。まあ食べる間は休みはしたけれども、ほとんど体は動かさない。二日目になってきたら、だんだん手にあぶら汗が出てきて、万年筆を持っていても、手から滑り落ちてしようがない。苦労して書いた。

そのとき考えたのは、私は、数字の記憶力がよくないものだから、誰が何年に生まれて何年に死んだというのを、いちいち覚えているわけではない。そういう点は、間違いがあるといけないから、音楽事典で調べながら書くとしても、そのほかの点では、自分の今わかっていること、私のもっている音楽の理解、それを超えたもの、つまり自分の力以上のものは書くまいということに主眼をおくことだった。私の理解がたとえどんなに不十分であっても、また不十分に相違ないけれども、書くときになって受験勉強して急に覚えたというようなやり方ではなくて、わかっていることを洗いざらい出しながら、その範囲内では確実に知っていることだけで書こうと考えた。名曲解説というものだったら、本当は調べていろんなことを書くべきだっただろうけれども、私は、単なる知識の受け売りはやりたくなかった。知識だけあって、書き手の考えのないものなんてつまらない、というのがその時の私の正直なところだった。

そんな具合だったが、出してみると好評だということで、実業之日本社から単行本で出ることになった。今でいえば文庫本みたいなもので、表紙もぺらぺらの紙だったけれども、それがまたよく売れて、何版も重ねた。私はとてもうれしかった。

そのころの私の頭の中では、音楽の世界というものは、大体バッハからはじまって、マーラー、リヒァルト・シュトラウスその他、第二次大戦前まで並べてみると、歴史の歩みというものにある方向が見出されるように思われた。それもまた、どういうわけか、非常にむらなく、人間が考えればこういうことは考えるだろうということが、ある人が考え、その次の人がそれをまた継承して先へ進め、それから何代かやっているうちに、一つの方向に進み過ぎ、ほかのところがおろそかになると、そこのところを埋めるような人がまたあらわれてきたりして、全体としてみると、歴史の歩みの中に一つの秩序が見つかるような気がしていたものだった。だから、個々の曲を取り上げて書きながらも、それを通じて全体の歩みが出てくるとよいのだが、というのが私の夢だった。一曲一曲のことを書きながらも、音楽の世界では、この領域はこの人がここまで仕事をし、次のほかの領域はこの人がやりというふうに、世界が埋まっていくような感じをもっていた。

それで、何年かたって、今度創元社から文庫を新しく出すについてこの本をその中に入れたいのだが、といってきた。私がシューマンの翻訳をして、はじめて本を出したのも創元社だし、また私の書いた音楽に関する八つのエッセーをまとめて『主題と変奏』という表題ではじめて出してくれたのも創元社だったので、私としては、そこから、この本を出したいといってきたのを、ことわりたくなかった。それで実業之日本社にいうとせっかく売れているのだから、このままにしておくほうがよいのではないかという返事だったが、とにかく創元社にゆずるのを承知してくれた。ところが、創元文庫に入ってまもなく、創元社の経営が悪化し、文庫はなくなるということで、この本も以来まったく消滅していたわけです。

『音楽家の世界』は、今いったような事情で埋もれていたようなものを掘り起こしてきたのだけれども、それを今度本にするについてずっと読んでみたら、「まだ日本ではこれはやられていないけれども」といいながら、とりあげた曲がずいぶんたくさんある。しかし今では、どれものこらずやられてしまい、夢のような昔の話になってしまった。たとえばマーラーひとつ取り上げてもそうだ。それから当時はシェーンベルクばかりじゃない、ベルクにしたって、ヴェーベルンにしたって、まだ一曲もやられてなかった。それからまた、この本を書いていた時はまだ生きていたのに、今になってみると死んでしまった人もかなりの数にのぼる。ストラヴィンスキー、ヒンデミット、オネゲル、ダリウス・ミヨー、プロコフィエフ、ショスタコーヴィチ。そういう事実の中に、ある感慨を覚えずにいられない。

そのときの考え方と、今の考え方とではちがうところもあるけれども、しかし、結局は、あまり変わっていないなあということも、今度の発見の一つだった。文章の表現としては、表現の細かいところで気になるところをちょっと直したけれども、あとは大体そのまま踏襲して、今度の版に入れてもらうことにした。昔のものだから、あまりいじってはかえっていけないのではないかと思って。

もう一つ。創元文庫に入れる時に、シェーンベルクを書きたしたのだが、それと同時に、「オールド・ブラック・ジョー」とか「スワニー・リバー」だとか、ああいうアメリカのホームソングの作曲家である、スティーヴン・フォスターは、かつては入れていたのだが、この全集版ではおとすことにした。〔河出文庫版では再収録――編集部〕

＊ハイドン「驚愕」の項（四六頁）、ベートーヴェン「第九」の項（六五頁）に、ハイドンの交響曲総数がそれぞれ一七〇余曲、一八〇曲とありますが、現在ではその真作は、通し番号を付して数えられる一〇四曲と、その分類から漏れた二曲の変ロ長調作品、さらに研究者の間では協奏交響曲変ロ長調を加え、総数一〇七曲と数えるのが定説となっています。〔編集部〕

◉解説――

# 時を超えた価値をもつ本格入門書

渡辺和彦

あまり言及されないが音楽評論家・吉田秀和は一人称の書き手だった。時に過剰なほど「私」「僕」を繰り出し、それが潔かった。日本の音楽評論は昔も今も、役人の製作した報告書のごとく徹底して一人称を排除する責任回避型が主流。そうした現状を忌避したのは過去に吉田秀和、柴田南雄、畑中良輔、宇野功芳くらいしかいない。この四人が死後も読み継がれているのは、一人称を使うことで文責の所在を明確にしていたからだ。客観性を装った白書のごとき「音楽評論」など誰も読みたくない。

とはいえ本書「はしがき」には驚いた。冒頭ページからいきなり「僕」が三か所に現れ、以後あまり長くない文の中に十か所も登場。それ以後の文章にも「私」が頻繁に顔を出す。それが後半、シベリウス「ヴァイオリン協奏曲」の項に至って突然「私」が「僕」に変わり、以後はこれで一貫するようになる。執筆の期間もここが一区切りなのだろう。ちなみに私の推測が間違いでなければ、吉田が「僕」だったのはわりあい短い期間で、少なくも一九七〇年代後半からはまた「私」に戻っている。日本語には一人称が非常に多く、その使い分けは書き手の意識や読者との距離に微妙で面白い効果をもたらすのは周知。「僕」時代の吉田と、「私」時代の彼に何があったのか探ってみると、意外な事実が出てくるかもしれない。

ところでこの本には二人の大作曲家の項が欠けている。ヴィヴァルディとブルックナーだ。ガーシュインも居ない。「エルガーとブリテンも無い」との指摘は本書が書かれた一九五〇／五三年当時を考えると難癖に等しい。ガーシュインがオネゲルやハチャトゥリアンよりも「上」かもしれないと考えるのも二〇世紀後半からの認識だろう。しかしブルックナーの項目の欠落には深い理由がありそうだ。少なくも音楽之友社発行の旧版「名曲解説事典」（一九五一年初版）にはすでに四曲（第四、五、七、九番）の交響曲の詳細な解説が掲載されている。そのブルックナーについて、項目どころか言及さえもない。

執筆当時ブルックナーの主要な交響曲の原典楽譜が入手できなかったのではないか。吉田の愛用楽譜だったオイレンブルク版（ドイツ・ショット社）からは一九五〇年代初頭の時点ですでに、現在では「改訂／改竄版」とされる「シャルク版」などの楽譜は発行されていた。しかし現在、この版を根拠にブルックナーの主要作品そのものについて何かを書くとたぶん馬鹿にされる。東ドイツ（当時）発行の「ハースによる原典版」が出回るのは一九七〇年代から。「ノヴァーク版」はそのあと。吉田がブルックナー作品について詳細な論考をスタートさせたのは一九七〇年代初頭、雑誌「ステレオ芸術」誌上で指揮者や作曲家についての連載を始めてからだった。そこではハース版、ノヴァーク版、改竄版と思われる各種楽譜の演奏を絡めた詳細な比較検証が行われている。さらに付け加えれば、交響曲第八番の日本初演は一九五九年十月、来日したカラヤン／ウィーン・フィルまで待たねばならなかった。

ヴィヴァルディ「四季」への言及が無いのも、同じ理由からだろう。リコルディ発行の全集版原典は当時まだ日本には入っていなかったはずで、オイレンブルク版「四季」は現在の時点から見るとかなり怪しげなものだった。だいいち「四季」の存在が知られ、そのレコードが世界的なベストセラーになるのは一九五〇年代後半からだ。

容易に楽譜を取り寄せることができ、場合によっては自ら海外に出かけて購入可能、実演に接することは普通、さらには無数に存在する録音音源とインターネット上にあふれる動画にもアクセスも出来るという現在と、一九五〇年代初期の日本では作品資料に関する条件があまりに違う。その中で本書の内容は驚くほど深く、詳細で含蓄にとんでいる。下手をすると「耳コピ」「録勉」だけで演奏を試みたり解説を書いてしまったりが出来てしまう昨今と、当時の日本の音楽評論家が受けた制約を比較想像すると、本書の内容には頭が下がる。最低限の第一次資料である楽譜に当たる、実演を聴く、このふたつを満たさない作品については敢えて採り上げない、という基本姿勢が律儀に守られたのはそうした制約ゆえの結果だろう。思えば本書初版の刊行は、シヨスタコーヴィチの交響曲第五番の日本初演（一九四九年二月十四日、日比谷公会堂）からまだほんのわずかしか経過していない。ストコフスキーやムラヴィンスキーのSP録音盤は確かに存在しただろう。しかし「ソ連」発行の楽譜はどこで見たのか、入手可能だったのか。

これからクラシック音楽を聴いて行こうとする人はもちろん、すれっからしの音楽ファンが読んでも新しい発見がある内容満載の本だ。入門書というのは本来そうあるべきものだが、世にあまた存在するその種の本の大半はそうなっていない。本当に「よくわかっている人」が書き記すものだけが本来の役割を果たす。

バッハ「平均律クラヴィーア曲集」の項は、その中にバッハ以前の西洋音楽史の基本的な流れとバッハ以後現れたもろもろのことのエッセンスがコンパクトに盛り込まれ、感心してしまう。そもそも曲名を知らない人が読んでも「なるほどそういう世界と音楽か」と得心するだろうし、そうでない人には新たな発見があるはずだ。面倒な事を説明するのに難解な文章を繰り出し、読み手を煙に巻いて逃げるのなら誰にでもできる。

モーツァルト「ジュピター」の解説も素晴らしい。特に第二楽章で嬰ハとニの音がぶつかる「未聞の緊張」が「その後一世紀して、ヴァーグナーにいたってやっとみられるくらい、進んだ音感に裏づけられた」云々は、事実関係はともかくとりわけすぐれた指摘で、これを読むまで少なくとも私は気づかなかった。

「カルメン」を語るのにニーチェを持ちだすのは古今の音楽評論の定番になっている。ここでも基本的にはニーチェの指摘を敷衍する形で記述が進行していく。とはいえ本書にあるような具合に、音楽の明るさと健康的な世界観の表明、メリメの原作とビゼーの音楽との「高度にリアリスティック」な「一分の隙も無駄もない」一致への具体的な称賛は、新ウィーン楽派や、今となっては死語となった「前衛音楽」「ダルムシュタット楽派」について熱弁をふるっていた気難しい評論家のイメージを幸いにも覆す。ニーチェの指摘そのまんま、と言ってしまえば身もフタもなくなるが、背後に大きな共感があることは事実だろう。

チャイコフスキーやドヴォルジャークについて書かれている項も同じだ。チャイコフスキーのオーケストレーションの巧さを独自の言い回しで称賛する（一四〇ページ）

のは入門書の範囲を超えている。「全集」編纂時に抜かしたフォスター「スワニー河」が復活したのもうれしい。たぶん現代では禁句扱いされる文字が複数回出てくることが全集欠落の原因だったろうが、歴史的な背景を抱えている禁句の使用問題を別にすれば、これは「カルメン」とはまた別の価値座表軸を持った短いがとてもよい文章だ。

項目にして全体の三分の二に相当する部分が狭い意味での「古典／ロマン派」の音楽で、後半は吉田の世代には同時代または一世代前までの、自らの生涯と重なる「近・現代音楽」の言及紹介になっている。当時まだ評価の定まらない作品群が相手。シベリウスの「ヴァイオリン協奏曲」の本邦初演は一九四一年、本書が書かれたわずか十年前の出来事で作曲家はまだ存命。このシベリウスの項くらいからの後半四分の一の記述が、現在の観点からはどこかもどかしいのは、そういう事情下では当然なのだった。

「全集」(一九七五年刊)に収録された際に若干の修正が施されたにしても(たとえばドヴォルジャークの「新世界」が交響曲第九番になったのは一九六〇年代半ばからで、それまではずっと〝交響曲第五番〟と認識され、そう表記されていた)、一九五〇／五三年オリジナル記述の修正は最小限にとどめられていると思われる。そのことが時代の証言としての本書の記録性を保ち、また敗戦後すぐに音楽評論を始めた物書きとしての吉田秀和の誠実さの証《あかし》となっている。

ショスタコーヴィチやストラヴィンスキーについては、オリジナル執筆当時ではなく、「全集」にまとめられた際の観点から修正、添削を加えることは出来た。しかし幸いにもその痕跡は少ない。私にはこの部分の論考には違和感のあるものが複数あるが、書かれた時代を考慮するに、これは肯定的に受け止めたい。長いスパンで物を書いている者にとって、過去の自著に正直であることは難しい。『二十世紀の音楽』（岩波新書／一九五七年刊）でショスタコーヴィチの存在そのものを完全に無視、ソ連音楽についてはわずかにハチャトゥリアンに言及するだけでやり過ごす剛腕を発揮した吉田が、本書では正しくもショスタコーヴィチの交響曲第五番について手探りながら立派な文章を書いているのにも感銘を受ける。吉田は生涯にわたりショスタコーヴィチの評価に苦しみ、時に迷走した。晩年は正当に評価を与えることが出来たものの、前掲書のように扱ったこともある。それを隠さなかった。人間的で良いと思う。

何事もしっかり一人称で語り、末尾を「といえよう」と閉めて記述の責任を放棄しない、誤魔化さない。「私はこう思う」ときちんと書く。たとえそれが後世の、または同時代の読み手から批判の対象とされようとも逃げない。個人として受けて立つ。吉田秀和はその姿勢を生涯にわたって貫いた本物の音楽評論家だった。

（音楽評論家）

＊『音楽家の世界』は、「世界の音楽」の題で雑誌『新女苑』の別冊付録として書かれた。その後、実業之日本社より、『世界の音楽』として刊行され（一九五〇年十二月）、創元社より文庫版で『音楽家の世界』と改題され再刊された（一九五三年一月）。今回の河出文庫は、『吉田秀和全集・7』（白水社、一九七五年九月）所収の版を底本とするが、そこで割愛された「フォスター『スワニー河』」の項を再収録した。なお、文章中の表記については、刊行時の時代背景と著者物故を鑑みそのままとさせていただいた。

# 音楽家《おんがくか》の世界《せかい》
クラシックへの招待《しょうたい》

二〇二三年 五 月一〇日 初版印刷
二〇二三年 五 月二〇日 初版発行

著 者 吉田《よしだ》秀和《ひでかず》

発行者 小野寺優
発行所 株式会社河出書房新社
〒一五一-〇〇五一
東京都渋谷区千駄ヶ谷二-三二-二
電話〇三-三四〇四-八六一一（編集）
〇三-三四〇四-一二〇一（営業）
https://www.kawade.co.jp/

ロゴ・表紙デザイン 粟津潔
本文フォーマット 佐々木暁
本文組版 株式会社ステラ
印刷・製本 凸版印刷株式会社



Printed in Japan ISBN978-4-309-41962-6

## 決定版　マーラー

吉田秀和　41711-0

2011年オリジナル文庫の増補新装版。新たに「マーラー、ブルックナー」「マーラーの新しい演奏」「五番　他　シノーポリ」「菩提樹の花の香り」など五篇を追加。

## フルトヴェングラー

吉田秀和　41927-5

2011年初版の新装版。ベートーヴェン、ブラームス、ブルックナーなどの演奏論。巻末に『LP300選』に掲載されたレコード表に基づくCD一覧を増補。著者没後10年を期して。解説＝片山杜秀。

## グレン・グールド

吉田秀和　41683-0

評価の低かったグールドの意義と魅力を定め広めた貢献者の、グールド論集。『ゴルトベルク』に始まるバッハの他、モーツァルト、ベートーヴェンなど、多角的に論じる文庫オリジナル。

## カラヤン

吉田秀和　41696-0

今こそカラヤンとは何だったか、冷静に語る時。適任はこの人をおいていない。カラヤンの、ベートーヴェン、モーツァルト、ワーグナー、オペラ、ブルックナー、ドビュッシー、新ウィーン学派……。

## ホロヴィッツと巨匠たち

吉田秀和　41714-1

圧倒的な技巧派・ホロヴィッツの晩年公演を「ひびの入った骨董品」と称し名声を高めた吉田秀和。他、著者が愛した名ピアニスト３人――ルービンシュタイン、リヒテル、ミケランジェリに関する一冊。

## ブラームス

吉田秀和　41723-3

ブラームスの音楽の本質・魅力を、ブラームスの人間像も含めて解き明かす。交響曲、協奏曲、ピアノソロ、室内楽等々、幾多の名曲と名演奏を味わう、ブラームス鑑賞の決定版。文庫オリジナル。

## クライバー、チェリビダッケ、バーンスタイン

吉田秀和　41735-6

クライバーの優雅、チェリビダッケの細密、バーンスタインの情動。ポスト・カラヤン世代をそれぞれに代表する、３人の大指揮者の名曲名演奏のすべて。

## ベートーヴェン

吉田秀和　41741-7

「ベートーヴェンの音って？」から、ソナタ、協奏曲、交響曲について、さまざまな指揮者、演奏家の解釈を通じて、ベートーヴェンとは何かを味わう。文庫オリジナル編集。

## 私のモーツァルト

吉田秀和　41809-4

吉田秀和がもっとも敬愛した作曲家に関するエッセイ集成。既刊のモーツァルトに関する本には未収録のものばかり。モーツァルト生誕230年記念。長文の「私が音楽できいているもの」は全集以外初収録。

## 西洋音楽史

パウル・ベッカー　河上徹太郎〔訳〕　46365-0

ギリシャ時代から二十世紀まで、雄大なる歴史を描き出した音楽史の名著。「形式」と「変容」を二大キーワードとして展開する議論は、今なお画期的かつ新鮮。クラシックファン必携の一冊。

## 中世音楽の精神史

金澤正剛　41352-5

祈りの表現から誕生・発展したポリフォニー音楽、聖歌伝播のために進められた理論構築と音楽教育、楽譜の創造……キリスト教と密接に結び付きながら発展してきた中世音楽の謎に迫る。

## 憂鬱と官能を教えた学校 上 【バークリー・メソッド】によって俯瞰される20世紀商業音楽史　調律、調性および旋律・和声

菊地成孔／大谷能生　41016-6

二十世紀中盤、ポピュラー音楽家たちに普及した音楽理論「バークリー・メソッド」とは何か。音楽家兼批評家＝菊地成孔＋大谷能生が刺激的な講義を展開。上巻はメロディとコード進行に迫る。

## 憂鬱と官能を教えた学校 下 【バークリー・メソッド】によって俯瞰される20世紀商業音楽史 旋律・和声および律動

菊地成孔／大谷能生 41017-3

音楽家兼批評家＝菊地成孔＋大谷能生が、世界で最もメジャーな音楽理論を鋭く論じたベストセラー。下巻はリズム構造にメスが入る！ 文庫版補講対談も収録。音楽理論の新たなる古典が誕生！

## M／D 上 マイルス・デューイ・デイヴィスⅢ世研究

菊地成孔／大谷能生 41096-8

『憂鬱と官能』のコンビがジャズの帝王＝マイルス・デイヴィスに挑む！東京大学における伝説の講義、ついに文庫化。上巻は誕生からエレクトリック期前夜まで。文庫オリジナル座談会には中山康樹氏も参戦！

## M／D 下 マイルス・デューイ・デイヴィスⅢ世研究

菊地成孔／大谷能生 41106-4

最盛期マイルス・デイヴィスの活動から沈黙の六年、そして晩年まで——『憂鬱と官能』コンビによる東京大学講義はいよいよ熱気を帯びる。没後二十年を迎えるジャズ界最大の人物に迫る名著。

## 服は何故音楽を必要とするのか？

菊地成孔 41192-7

パリ、ミラノ、トウキョウのファッション・ショーを、各メゾンのショーで流れる音楽＝「ウォーキング・ミュージック」の観点から構造分析する、まったく新しいファッション批評。文庫化に際し増補。

## ユングのサウンドトラック

菊地成孔 41403-4

気鋭のジャズ・ミュージシャンによる映画と映画音楽批評集。すべての松本人志映画作品の批評を試みるほか、町山智浩氏との論争の発端となった「セッション」評までを収録したディレクターズカット決定版！

## 『FMステーション』とエアチェックの80年代

恩藏茂 41838-4

FM雑誌片手にエアチェック、カセットをドレスアップし、読者欄に投稿——あの時代を愛する全ての音楽ファンに捧ぐ！ 元『FMステーション』編集長が表も裏も語り尽くす、80年代FM雑誌青春記！

## ヒップホップ・ドリーム

漢 a.k.a. GAMI　41695-3

マイク1本で頂点を競うヒップホップの精神とそれを裏切るシーンの陰惨なる現実。日本語ラップを牽引するラッパーが描く自伝的「ヒップホップ哲学」に増補を加え、待望の文庫化！

## 森のうた

岩城宏之　41873-5

オーケストラを指揮したい！　東京藝大で指揮者修業に奮闘するイワキとナオズミ。師と出逢い、ケンカと失恋を越え、ついに演奏会の日がやって来た！　名エッセイストが綴る、涙と笑いの傑作藝大青春記。

## バレリーナ　踊り続ける理由

吉田都　41694-6

年齢を重ねてなお進化し続ける、世界の頂点を極めたバレリーナ・吉田都が、強く美しく生きたいと願う女性達に贈るメッセージ。引退に向けてのあとがき、阿川佐和子との対談、槇村さとるの解説を新規収録。

## 20世紀ファッション

成実弘至　41791-2

20世紀、ファッションは何をなし遂げたのか。どう発展し、社会や身体とかかわってきたのか、その創造性を問う、まったく新しいファッション文化史。ポワレからマルジェラまで10人を取り上げ考察する。

## アーティスト症候群　アートと職人、クリエイターと芸能人

大野左紀子　41094-4

なぜ人はアーティストを目指すのか。なぜ誇らしげに名乗るのか。美術、芸能、美容……様々な業界で増殖する「アーティスト」への違和感を探る。自己実現とプロの差とは？　最新事情を増補。

## 独裁者のデザイン

松田行正　41894-0

いま、一人の「独裁者」が世界の地図を変えようとしている——独裁者たちは、プロパガンダを駆使してどのように大衆を踊らせ、抑圧して行ったのか？　その手法を「デザイン」の観点から見直す必読の書！

## デザインのめざめ

原研哉　41267-2

デザインの最も大きな力は目覚めさせる力である——。日常のなかのふとした瞬間に潜む「デザインという考え方」を、ていねいに掬ったエッセイたち。日本を代表するグラフィックデザイナーによる好著。

## 空間へ

磯崎新　41573-4

世界的建築家・磯崎新。その軌跡の第一歩となる伝説の単著がついに文庫化。一九六〇年代を通じて記された論文・エッセイをクロノジカルに並べ、状況と対峙・格闘した全記録がここにまとまる。

## 都市のドラマトゥルギー　東京・盛り場の社会史

吉見俊哉　40937-5

「浅草」から「銀座」へ、「新宿」から「渋谷」へ——人々がドラマを織りなす劇場としての盛り場を活写。盛り場を「出来事」として捉える独自の手法によって、都市論の可能性を押し広げた新しき古典。

## メディアはマッサージである

マーシャル・マクルーハン／クエンティン・フィオーレ　門林岳史〔訳〕　46406-0

電子的ネットワークの時代をポップなヴィジュアルで予言的に描いたメディア論の名著が、気鋭の訳者による新訳で、デザインも新たに甦る。全ページを解説した充実の「副音声」を巻末に付す。

## サイバースペースはなぜそう呼ばれるか＋　東浩紀アーカイブス2

東浩紀　41069-2

これまでの情報社会論を大幅に書き換えたタイトル論文を中心に九十年代に東浩紀が切り開いた情報論の核となる論考と、斎藤環、村上隆、法月綸太郎との対談を収録。ポストモダン社会の思想的可能性がここに！

## 郵便的不安たちβ　東浩紀アーカイブス1

東浩紀　41076-0

衝撃のデビュー「ソルジェニーツィン試論」、ポストモダン社会と来るべき世界を語る「郵便的不安たち」など、初期の主要な仕事を収録。思想、批評、サブカルを郵便的に横断する闘いは、ここから始まる！

## ゆるく考える
東浩紀　41811-7

若いころのぼくに言いたい、人生の選択肢は無限である、と。世の中を少しでもよい方向に変えるために、ゆるく、ラジカルにゆるく考えよう。「ゲンロン」を生み出した東浩紀のエッセイ集。

## ツイッター哲学
千葉雅也　41778-3

ニーチェの言葉か、漫画のコマか？　日々の気づきからセクシュアリティ、社会問題までを捉えた、たった140字の「有限性の哲学」。新たなツイートを加え、著者自ら再編集した決定版。松岡正剛氏絶賛！

## 動きすぎてはいけない
千葉雅也　41562-8

全生活をインターネットが覆い、我々は窒息しかけている――接続過剰の世界に風穴を開ける「切断の哲学」。異例の哲学書ベストセラーを文庫化！　併録＊千葉＝ドゥルーズ思想読解の手引き

## 「声」の資本主義　電話・ラジオ・蓄音機の社会史
吉見俊哉　41152-1

「声」を複製し消費する社会の中で、音響メディアはいかに形づくられ、また同時に、人々の身体感覚はいかに変容していったのか――草創期のメディア状況を活写し、聴覚文化研究の端緒を開いた先駆的名著。

## ベンヤミン　メディア・芸術論集
ヴァルター・ベンヤミン　山口裕之〔訳〕　46747-4

いまなお新しい思想家の芸術・メディア論の重要テクストを第一人者が新訳。映画論、写真論、シュルレアリスム論等を網羅。すべての批評の始まりはここにある。「ベンヤミン・アンソロジー」に続く決定版。

## ベンヤミン・アンソロジー
ヴァルター・ベンヤミン　山口裕之〔編訳〕　46348-3

危機の時代にこそ読まれるべき思想家ベンヤミンの精髄を最新の研究をふまえて気鋭が全面的に新訳。重要なテクストを一冊に凝縮、その繊細にしてアクチュアルな思考の核心にせまる。

## 言説の領界

ミシェル・フーコー　慎改康之〔訳〕　46404-6

フーコーが一九七〇年におこなった講義録。『言語表現の秩序』を没後三十年を期して四十年ぶりに新訳。言説分析から権力分析への転換をつげてフーコーのみならず現代思想の歴史を変えた重要な書。

## 知の考古学

ミシェル・フーコー　慎改康之〔訳〕　46377-3

あらゆる領域に巨大な影響を与えたフーコーの最も重要な著作を気鋭が42年ぶりに新訳。伝統的な「思想史」と訣別し、歴史の連続性と人間学的思考から解き放たれた「考古学」を開示した記念碑的名著。

## フーコー

ジル・ドゥルーズ　宇野邦一〔訳〕　46294-3

ドゥルーズが盟友への敬愛をこめてまとめたフーコー論の決定版。「知」「権力」「主体化」を指標にフーコーの核心を読みときながら「外」「襞」などドゥルーズ自身の哲学のエッセンスを凝縮させた比類なき名著。

## 記号と事件　1972−1990年の対話

ジル・ドゥルーズ　宮林寛〔訳〕　46288-2

『アンチ・オイディプス』『千のプラトー』『シネマ』などにふれつつ、哲学の核心、政治などについて自在に語ったドゥルーズの生涯唯一のインタヴュー集成。ドゥルーズ自身によるドゥルーズ入門。

## ディアローグ　ドゥルーズの思想

G・ドゥルーズ／C・パルネ　江川隆男／増田靖彦〔訳〕　46366-7

『アンチ・オイディプス』『千のプラトー』の間に盟友パルネとともに書かれた七十年代ドゥルーズの思想を凝縮した名著。『千のプラトー』のエッセンスとともにリゾームなどの重要な概念をあきらかにする。

## 差異と反復　上・下

ジル・ドゥルーズ　財津理〔訳〕　46296-7　46297-4

自ら「はじめて哲学することを試みた」著と語るドゥルーズの最も重要な主著、全人文書ファン待望の文庫化。一義性の哲学によってプラトン以来の哲学を根底から覆し、永遠回帰へと開かれた不滅の名著。